Im ....mer

ERSTER AUFTRITT

Hanna Kennedy, Amme der Königin von Schottland, in heftigem Streit mit Paulet, der im Begriff ist einen Schrank zu öffnen. Drugeon Drury, sein Gehilfe, mit Brecheisen.

KENNEDY. Was macht Ihr, Sir? Welch neue Dreistigkeit!
   Zurück von diesem Schrank!
PAULET.   Wo kam der Schmuck her?
   Vom obern Stock ward er herabgeworfen,
   Der Gärtner hat bestochen werden sollen
5 Mit diesem Schmuck – Fluch über Weiberlist!
   Trotz meiner Aufsicht, meinem scharfen Suchen,
   Noch Kostbarkeiten, noch geheime Schätze!
          (sich über den Schrank machend)
   Wo das gesteckt hat, liegt noch mehr!
KENNEDY.   Zurück, Verwegner!
   Hier liegen die Geheimnisse der Lady.
10 PAULET. Die eben such ich.
          (Schriften hervorziehend)
KENNEDY.   Unbedeutende
   Papiere, bloße Übungen der Feder,
   Des Kerkers traur'ge Weile zu verkürzen.
PAULET. In müß'ger Weile schafft der böse Geist.
KENNEDY. Es sind französische Schriften.
PAULET.   Desto schlimmer!
15 Die Sprache redet Englands Feind.
KENNEDY.   Konzepte
   Von Briefen an die Königin von England.
PAULET. Die überliefr' ich – Sieh! – Was schimmert hier?
   (Er hat einen geheimen Ressort geöffnet und zieht aus einem
          verborgnen Fach Geschmeide hervor)
   Ein königliches Stirnband, reich an Steinen,
   Durchzogen mit den Lilien von Frankreich!
          (Er gibt es seinem Begleiter)
20 Verwahrt's, Drury. Legt's zu dem Übrigen!
          (Drury geht ab)
KENNEDY. O schimpfliche Gewalt, die wir erleiden!
PAULET. Solang sie noch besitzt, kann sie noch schaden,

Denn alles wird Gewehr in ihrer Hand.
KENNEDY. Seid gütig, Sir. Nehmt nicht den letzten Schmuck
 Aus unserm Leben weg! Die Jammervolle
 Erfreut der Anblick alter Herrlichkeit,
 Denn alles andre habt Ihr uns entrissen.
PAULET. Es liegt in guter Hand. Gewissenhaft
 Wird es zu seiner Zeit zurückgegeben!
KENNEDY. Wer sieht es diesen kahlen Wänden an,
 Dass eine Königin hier wohnt? Wo ist
 Die Himmeldecke über ihrem Sitz?
 Muss sie den zärtlich weich gewöhnten Fuß
 Nicht auf gemeinen rauen Boden setzen?
 Mit grobem Zinn – die schlechtste Edelfrau
 Würd es verschmähn – bedient man ihre Tafel.
PAULET. So speiste sie zu Sterlyn ihren Gatten,
 Da sie aus Gold mit ihrem Buhlen trank.
KENNEDY. Sogar des Spiegels kleine Notdurft mangelt.
PAULET. Solang sie noch ihr eitles Bild beschaut,
 Hört sie nicht auf zu hoffen und zu wagen.
KENNEDY. An Büchern fehlt's, den Geist zu unterhalten.
PAULET. Die Bibel ließ man ihr, das Herz zu bessern.
KENNEDY. Selbst ihre Laute ward ihr weggenommen.
PAULET. Weil sie verbuhlte Lieder drauf gespielt.
KENNEDY. Ist das ein Schicksal für die weich Erzogne,
 Die in der Wiege Königin schon war,
 Am üpp'gen Hof der Mediceerin
 In jeder Freuden Fülle aufgewachsen!
 Es sei genug, dass man die Macht ihr nahm,
 Muss man die armen Flitter ihr missgönnen?
 In großes Unglück lehrt ein edles Herz
 Sich endlich finden, aber wehe tut's,
 Des Lebens kleine Zierden zu entbehren.
PAULET. Sie wenden nur das Herz dem Eiteln zu,
 Das in sich gehen und bereuen soll.
 Ein üppig lastervolles Leben büßt sich
 In Mangel und Erniedrigung allein.
KENNEDY. Wenn ihre zarte Jugend sich verging,
 Mag sie's mit Gott abtun und ihrem Herzen –
 In England ist kein Richter über sie.
PAULET. Sie wird gerichtet, wo sie frevelte.
KENNEDY. Zum Freveln fesseln sie zu enge Bande.
PAULET. Doch wusste sie aus diesen engen Banden
 Den Arm zu strecken in die Welt, die Fackel

Des Bürgerkrieges in das Reich zu schleudern
Und gegen unsre Königin, die Gott
Erhalte, Meuchelrotten zu bewaffnen.
Erregte sie aus diesen Mauern nicht
70 Den Böswicht Parry und den Babington
Zu der verfluchten Tat des Königsmords?
Hielt dieses Eisengitter sie zurück,
Das edle Herz des Norfolk zu umstricken?
Für sie geopfert fiel das beste Haupt
75 Auf dieser Insel unterm Henkerbeil –
Und schreckte dieses jammervolle Beispiel
Die Rasenden zurück, die sich wetteifernd
Um ihrentwillen in den Abgrund stürzen?
Die Blutgerüste füllen sich für sie
80 Mit immer neuen Todesopfern an,
Und das wird nimmer enden, bis sie selbst,
Die Schuldigste, darauf geopfert ist.
– O Fluch dem Tag, da dieses Landes Küste
Gastfreundlich diese Helena empfing.
85 KENNEDY. Gastfreundlich hätte England sie empfangen?
Die Unglückselige, die seit dem Tag,
Da sie den Fuß gesetzt in dieses Land,
Als eine Hilfeflehende, Vertriebne
Bei der Verwandten Schutz zu suchen kam,
90 Sich wider Völkerrecht und Königswürde
Gefangen sieht, in enger Kerkerhaft
Der Jugend schöne Jahre muss vertrauern. –
Die jetzt, nachdem sie alles hat erfahren,
Was das Gefängnis Bittres hat, gemeinen
95 Verbrechern gleich, vor des Gerichtes Schranken
Gefordert wird und schimpflich angeklagt
Auf Leib und Leben – eine Königin!
PAULET. Sie kam ins Land als eine Mörderin,
Verjagt von ihrem Volk, des Throns entsetzt,
100 Den sie mit schwerer Gräueltat geschändet.
Verschworen kam sie gegen Englands Glück,
Der spanischen Maria blut'ge Zeiten
Zurückzubringen, Engelland katholisch
Zu machen, an den Franzmann zu verraten.
105 Warum verschmähte sie's, den Edinburger
Vertrag zu unterschreiben, ihren Anspruch
An England aufzugeben und den Weg
Aus diesem Kerker schnell sich aufzutun

Mit einem Federstrich? Sie wollte lieber
Gefangen bleiben, sich misshandelt sehn,
Als dieses Titels leerem Prunk entsagen.
Weswegen tat sie das? Weil sie den Ränken
Vertraut, den bösen Künsten der Verschwörung,
Und Unheil spinnend diese ganze Insel
Aus ihrem Kerker zu erobern hofft.

KENNEDY. Ihr spottet, Sir – Zur Härte fügt Ihr noch
Den bittern Hohn! Sie hegte solche Träume,
Die hier lebendig eingemauert lebt,
Zu der kein Schall des Trostes, keine Stimme
Der Freundschaft aus der lieben Heimat dringt,
Die längst kein Menschenangesicht mehr schaute
Als ihrer Kerkermeister finstre Stirn,
Die erst seit kurzem einen neuen Wächter
Erhielt in Eurem rauen Anverwandten,
Von neuen Stäben sich umgittert sieht –

PAULET. Kein Eisengitter schützt vor ihrer List.
Weiß ich, ob diese Stäbe nicht durchfeilt,
Nicht dieses Zimmers Boden, diese Wände,
Von außen fest, nicht hohl von innen sind
Und den Verrat einlassen, wenn ich schlafe?
Fluchvolles Amt, das mir geworden ist,
Die Unheil brütend Listige zu hüten.
Vom Schlummer jagt die Furcht mich auf, ich gehe
Nachts um, wie ein gequälter Geist, erprobe
Des Schlosses Riegel und der Wächter Treu
Und sehe zitternd jeden Morgen kommen,
Der meine Furcht wahr machen kann. Doch wohl mir!
Wohl! Es ist Hoffnung, dass es bald nun endet.
Denn lieber möcht ich der Verdammten Schar
Wachstehend an der Höllenpforte hüten,
Als diese ränkevolle Königin.

KENNEDY. Da kommt sie selbst!
PAULET.   Den Christus in der Hand.
Die Hoffart und die Weltlust in dem Herzen.

ZWEITER AUFTRITT

Maria im Schleier, ein Kruzifix in der Hand.
Die Vorigen.

KENNEDY *(ihr entgegeneilend).*
  O Königin! Man tritt uns ganz mit Füßen,
  Der Tyrannei, der Härte wird kein Ziel,
  Und jeder neue Tag häuft neue Leiden
  Und Schmach auf dein gekröntes Haupt.
MARIA.   Fass dich!
  Sag an, was neu geschehen ist?
KENNEDY.   Sieh her!
  Dein Pult ist aufgebrochen, deine Schriften,
  Dein einz'ger Schatz, den wir mit Müh gerettet,
  Der letzte Rest von deinem Brautgeschmeide
  Aus Frankreich ist in seiner Hand. Du hast nun
  Nichts Königliches mehr, bist ganz beraubt.
MARIA. Beruhige dich, Hanna. Diese Flitter machen
  Die Königin nicht aus. Man kann uns niedrig
  Behandeln, nicht erniedrigen. Ich habe
  In England mich an viel gewöhnen lernen,
  Ich kann auch das verschmerzen. Sir, Ihr habt Euch
  Gewaltsam zugeeignet, was ich Euch
  Noch heut zu übergeben willens war.
  Bei diesen Schriften findet sich ein Brief,
  Bestimmt für meine königliche Schwester
  Von England – Gebt mir Euer Wort, dass Ihr
  Ihn redlich an sie selbst wollt übergeben
  Und nicht in Burleighs ungetreue Hand.
PAULET. Ich werde mich bedenken, was zu tun ist.
MARIA. Ihr sollt den Inhalt wissen, Sir. Ich bitte
  In diesem Brief um eine große Gunst –
  Um eine Unterredung mit ihr selbst,
  Die ich mit Augen nie gesehn – Man hat mich
  Vor ein Gericht von Männern vorgefodert,
  Die ich als meinesgleichen nicht erkennen,
  Zu denen ich kein Herz mir fassen kann.
  Elisabeth ist meines Stammes, meines
  Geschlechts und Ranges – Ihr allein, der Schwester,
  Der Königin, der Frau kann ich mich öffnen.
PAULET. Sehr oft, Mylady, habt Ihr Euer Schicksal
  Und Eure Ehre Männern anvertraut,

Die Eurer Achtung minder würdig waren.
MARIA. Ich bitte noch um eine zweite Gunst,
Unmenschlichkeit allein kann mir sie weigern.
Schon lange Zeit entbehr ich im Gefängnis
Der Kirche Trost, der Sakramente Wohltat.
Und die mir Kron und Freiheit hat geraubt,
Die meinem Leben selber droht, wird mir
Die Himmelstüre nicht verschließen wollen.
PAULET. Auf Euren Wunsch wird der Dechant des Orts –
MARIA *(unterbricht ihn lebhaft).*
Ich will nichts vom Dechanten. Einen Priester
Von meiner eignen Kirche fodre ich.
– Auch Schreiber und Notarien verlang ich,
Um meinen letzten Willen aufzusetzen.
Der Gram, das lange Kerkerelend nagt
An meinem Leben. Meine Tage sind
Gezählt, befürcht ich, und ich achte mich
Gleich einer Sterbenden.
PAULET.   Da tut Ihr wohl,
Das sind Betrachtungen, die Euch geziemen.
MARIA. Und weiß ich, ob nicht eine schnelle Hand
Des Kummers langsames Geschäft beschleunigt?
Ich will mein Testament aufsetzen, will
Verfügung treffen über das, was mein ist.
PAULET. Die Freiheit habt Ihr. Englands Königin
Will sich mit Eurem Raube nicht bereichern.
MARIA. Man hat von meinen treuen Kammerfrauen,
Von meinen Dienern mich getrennt – Wo sind sie?
Was ist ihr Schicksal? Ihrer Dienste kann ich
Entraten, doch beruhigt will ich sein,
Dass die Getreu'n nicht leiden und entbehren.
PAULET. Für Eure Diener ist gesorgt.
(Er will gehen)
MARIA. Ihr geht, Sir? Ihr verlasst mich abermals,
Und ohne mein geängstigt fürchtend Herz
Der Qual der Ungewissheit zu entladen.
Ich bin, dank Eurer Späher Wachsamkeit,
Von aller Welt geschieden, keine Kunde
Gelangt zu mir durch diese Kerkermauern,
Mein Schicksal liegt in meiner Feinde Hand.
Ein peinlich langer Monat ist vorüber,
Seitdem die vierzig Kommissarien
In diesem Schloss mich überfallen, Schranken

Errichtet, schnell, mit unanständiger Eile,
Mich unbereitet, ohne Anwalts Hülfe,
Vor ein noch nie erhört Gericht gestellt,
Auf schlaugefasste schwere Klagepunkte
Mich, die Betäubte, Überraschte, flugs
Aus dem Gedächtnis Rede stehen lassen –
Wie Geister kamen sie und schwanden wieder.
Seit diesem Tage schweigt mir jeder Mund,
Ich such umsonst in Eurem Blick zu lesen,
Ob meine Unschuld, meiner Freunde Eifer,
Ob meiner Feinde böser Rat gesiegt.
Brecht endlich Euer Schweigen – lasst mich wissen,
Was ich zu fürchten, was zu hoffen habe.
PAULET *(nach einer Pause).*
Schließt Eure Rechnung mit dem Himmel ab.
MARIA. Ich hoff auf seine Gnade, Sir – und hoffe
Auf strenges Recht von meinen ird'schen Richtern.
PAULET. Recht soll Euch werden. Zweifelt nicht daran.
MARIA. Ist mein Prozess entschieden, Sir?
PAULET. Ich weiß nicht.
MARIA. Bin ich verurteilt?
PAULET. Ich weiß nichts, Mylady.
MARIA. Man liebt hier rasch zu Werk zu gehn. Soll mich
Der Mörder überfallen wie die Richter?
PAULET. Denkt immerhin, es sei so, und er wird Euch
In bessrer Fassung dann als diese finden.
MARIA. Nichts soll mich in Erstaunen setzen, Sir,
Was ein Gerichtshof in Westminsterhall,
Den Burleighs Hass und Hattons Eifer lenkt,
Zu urteln sich erdreiste – Weiß ich doch,
Was Englands Königin wagen darf zu tun.
PAULET. Englands Beherrscher brauchen nichts zu scheuen
Als ihr Gewissen und ihr Parlament.
Was die Gerechtigkeit gesprochen, furchtlos,
Vor aller Welt wird es die Macht vollziehn.

DRITTER AUFTRITT

Die Vorigen. Mortimer, Paulets Neffe, tritt herein und ohne der Königin einige Aufmerksamkeit zu bezeugen, zu Paulet.

MORTIMER. Man sucht Euch, Oheim.
   *(Er entfernt sich auf ebendiese Weise. Die Königin bemerkt es
   mit Unwillen und wendet sich zu Paulet, der ihm folgen will.)*
MARIA.   Sir, noch eine Bitte.
   Wenn Ihr mir was zu sagen habt – von Euch
   Ertrag ich viel, ich ehre Euer Alter.
   Den Übermut des Jünglings trag ich nicht,
   Spart mir den Anblick seiner rohen Sitten.
PAULET. Was ihn Euch widrig macht, macht mir ihn wert.
   Wohl ist es keiner von den weichen Toren,
   Die eine falsche Weiberträne schmelzt –
   Er ist gereist, kommt aus Paris und Reims
   Und bringt sein treu altenglisch Herz zurück,
   Lady, an dem ist Eure Kunst verloren!
              (Geht ab.)

VIERTER AUFTRITT

Maria. Kennedy.

KENNEDY. Darf Euch der Rohe das ins Antlitz sagen!
   O es ist hart!
MARIA *(in Nachdenken verloren)*.
   Wir haben in den Tagen unsers Glanzes
   Dem Schmeichler ein zu willig Ohr geliehn,
   Gerecht ist's, gute Kennedy, dass wir
   Des Vorwurfs ernste Stimme nun vernehmen.
KENNEDY. Wie? so gebeugt, so mutlos, teure Lady?
   Wart Ihr doch sonst so froh, Ihr pflegtet mich zu trösten,
   Und eher musst' ich Euren Flattersinn
   Als Eure Schwermut schelten.
MARIA.   Ich erkenn ihn.
   Es ist der blut'ge Schatten König Darnleys,
   Der zürnend aus dem Gruftgewölbe steigt,
   Und er wird nimmer Friede mit mir machen,
   Bis meines Unglücks Maß erfüllet ist.
KENNEDY. Was für Gedanken –

MARIA. Du vergissest, Hanna –
Ich aber habe ein getreu Gedächtnis –
Der Jahrstag dieser unglückseligen Tat
Ist heute abermals zurückgekehrt,
Er ist's, den ich mit Buß und Fasten feire.
KENNEDY. Schickt endlich diesen bösen Geist zur Ruh.
Ihr habt die Tat mit jahrelanger Reu,
Mit schweren Leidensproben abgebüßt.
Die Kirche, die den Löseschlüssel hat
Für jede Schuld, der Himmel hat vergeben.
MARIA. Frisch blutend steigt die längst vergebne Schuld
Aus ihrem leicht bedeckten Grab empor!
Des Gatten rachefoderndes Gespenst
Schickt keines Messedieners Glocke, kein
Hochwürdiges in Priesters Hand zur Gruft.
KENNEDY. Nicht Ihr habt ihn gemordet! Andre taten's!
MARIA. Ich wusste drum. Ich ließ die Tat geschehn
Und lockt' ihn schmeichelnd in das Todesnetz.
KENNEDY. Die Jugend mildert Eure Schuld. Ihr wart
So zarten Alters noch.
MARIA. So zart – und lud
Die schwere Schuld auf mein so junges Leben.
KENNEDY. Ihr wart durch blutige Beleidigung
Gereizt und durch des Mannes Übermut,
Den Eure Liebe aus der Dunkelheit
Wie eine Götterhand hervorgezogen,
Den Ihr durch Euer Brautgemach zum Throne
Geführt, mit Eurer blühenden Person
Beglückt und Eurer angestammten Krone.
Konnt' er vergessen, dass sein prangend Los
Der Liebe großmutsvolle Schöpfung war?
Und doch vergaß er's, der Unwürdige!
Beleidigte mit niedrigem Verdacht,
Mit rohen Sitten Eure Zärtlichkeit,
Und widerwärtig wurd' er Euren Augen.
Der Zauber schwand, der Euren Blick getäuscht,
Ihr floht erzürnt des Schändlichen Umarmung
Und gabt ihn der Verachtung preis – Und er –
Versucht' er's, Eure Gunst zurückzurufen?
Bat er um Gnade? Warf er sich bereuend
Zu Euren Füßen, Besserung versprechend?
Trotz bot Euch der Abscheuliche – Der Euer
Geschöpf war, Euren König wollt' er spielen,

Vor Euren Augen ließ er Euch den Liebling,
Den schönen Sänger Rizzio durchbohren –
Ihr rächtet blutig nur die blut'ge Tat.

MARIA. Und blutig wird sie auch an mir sich rächen.
Du sprichst mein Urteil aus, da du mich tröstest.

KENNEDY. Da Ihr die Tat geschehn ließt, wart Ihr nicht
Ihr selbst, gehörtet Euch nicht selbst. Ergriffen
Hatt' Euch der Wahnsinn blinder Liebesglut,
Euch unterjocht dem furchtbaren Verführer,
Dem unglücksel'gen Bothwell – Über Euch
Mit übermüt'gem Männerwillen herrschte
Der Schreckliche, der Euch durch Zaubertränke,
Durch Höllenkünste das Gemüt verwirrend
Erhitzte –

MARIA.   Seine Künste waren keine andre
Als seine Männerkraft und meine Schwachheit.

KENNEDY. Nein, sag ich. Alle Geister der Verdammnis
Musst' er zu Hülfe rufen, der dies Band
Um Eure hellen Sinne wob. Ihr hattet
Kein Ohr mehr für der Freundin Warnungsstimme,
Kein Aug für das, was wohlanständig war,
Verlassen hatte Euch die zarte Scheu
Der Menschen, Eure Wangen, sonst der Sitz
Schamhaft errötender Bescheidenheit,
Sie glühten nur vom Feuer des Verlangens.
Ihr warft den Schleier des Geheimnisses
Von Euch, des Mannes keckes Laster hatte
Auch Eure Blödigkeit besiegt, Ihr stelltet
Mit dreister Stirne Eure Schmach zur Schau.
Ihr ließt das königliche Schwert von Schottland
Durch ihn, den Mörder, dem des Volkes Flüche
Nachschallten, durch die Gassen Edinburgs
Vor Euch hertragen im Triumph, umringtet
Mit Waffen Euer Parlament, und hier,
Im eignen Tempel der Gerechtigkeit,
Zwangt Ihr mit frechem Possenspiel die Richter,
Den Schuldigen des Mordes loszusprechen –
Ihr gingt noch weiter – Gott!

MARIA.   Vollende nur!
Und reicht ihm meine Hand vor dem Altare!

KENNEDY. O lasst ein ewig Schweigen diese Tat
Bedecken! Sie ist schauderhaft, empörend,
Ist einer ganz Verlornen wert. – Doch Ihr seid keine

Verlorne – ich kenn Euch ja, ich bin's,
Die Eure Kindheit auferzogen. Weich
Ist Euer Herz gebildet, offen ist's
Der Scham – der Leichtsinn nur ist Euer Laster.
Ich wiederhol es, es gibt böse Geister,
Die in des Menschen unverwahrter Brust
Sich augenblicklich ihren Wohnplatz nehmen,
Die schnell in uns das Schreckliche begehn
Und zu der Höll entfliehend das Entsetzen
In dem befleckten Busen hinterlassen.
Seit dieser Tat, die Euer Leben schwärzt,
Habt Ihr nichts Lasterhaftes mehr begangen,
Ich bin ein Zeuge Eurer Besserung.
Drum fasset Mut! Macht Friede mit Euch selbst!
Was Ihr auch zu bereuen habt, in England
Seid Ihr nicht schuldig, nicht Elisabeth,
Nicht Englands Parlament ist Euer Richter.
Macht ist's, die Euch hier unterdrückt, vor diesen
Anmaßlichen Gerichtshof dürft Ihr Euch
Hinstellen mit dem ganzen Mut der Unschuld.

MARIA. Wer kommt?
(Mortimer zeigt sich an der Türe)
KENNEDY. Es ist der Neffe. Geht hinein.

FÜNFTER AUFTRITT

Die Vorigen. Mortimer scheu hereintretend.

MORTIMER *(zur Amme).*
Entfernt Euch, haltet Wache vor der Tür,
Ich habe mit der Königin zu reden.
MARIA *(mit Ansehn).* Hanna, du bleibst.
MORTIMER. Habt keine Furcht, Mylady. Lernt mich kennen.
(Er überreicht ihr eine Karte)
MARIA *(sieht sie an und fährt bestürzt zurück).*
Ha! Was ist das?
MORTIMER *(zur Amme).* Geht, Dame Kennedy.
Sorgt, dass mein Oheim uns nicht überfalle!
MARIA *(zur Amme, welche zaudert und die Königin fragend
ansieht).* Geh! Geh! Tu was er sagt.
(Die Amme entfernt sich mit Zeichen der Verwunderung)

SECHSTER AUFTRITT

Mortimer. Maria.

MARIA.   Von meinem Oheim!
   Dem Kardinal von Lothringen aus Frankreich! *(Liest)*
   „Traut dem Sir Mortimer, der Euch dies bringt,
   Denn keinen treuern Freund habt ihr in England."
        (Mortimern mit Erstaunen ansehend)
   Ist's möglich? Ist's kein Blendwerk, das mich täuscht?
   So nahe find ich einen Freund und wähnte mich
   Verlassen schon von aller Welt – find ihn
   In Euch, dem Neffen meines Kerkermeisters,
   In dem ich meinen schlimmsten Feind –
MORTIMER *(sich ihr zu Füßen werfend)*.
                                 Verzeihung
   Für diese verhasste Larve, Königin,
   Die mir zu tragen Kampf genug gekostet,
   Doch der ich's danke, dass ich mich Euch nahen,
   Euch Hülfe und Errettung bringen kann.
MARIA. Steht auf – Ihr überrascht mich, Sir – Ich kann
   So schnell nicht aus der Tiefe meines Elends
   Zur Hoffnung übergehen – Redet, Sir –
   Macht mir dies Glück begreiflich, dass ich's glaube.
MORTIMER *(steht auf)*.
   Die Zeit verrinnt. Bald wird mein Oheim hier sein,
   Und ein verhasster Mensch begleitet ihn.
   Eh' Euch ihr Schreckensauftrag überrascht,
   Hört an, wie Euch der Himmel Rettung schickt.
MARIA. Er schickt sie durch ein Wunder seiner Allmacht!
MORTIMER. Erlaubt, dass ich von mir beginne.
MARIA.   Redet, Sir!
MORTIMER. Ich zählte zwanzig Jahre, Königin,
   In strengen Pflichten war ich aufgewachsen,
   In finsterm Hass des Papsttums aufgesäugt,
   Als mich die unbezwingliche Begierde
   Hinaustrieb auf das feste Land. Ich ließ
   Der Puritaner dumpfe Predigtstuben,
   Die Heimat hinter mir, in schnellem Lauf
   Durchzog ich Frankreich, das gepriesene
   Italien mit heißem Wunsche suchend.

Es war die Zeit des großen Kirchenfests,
Von Pilgerscharen wimmelten die Wege,
Bekränzt war jedes Gottesbild, es war,
Als ob die Menschheit auf der Wanderung wäre,
Wallfahrend nach dem Himmelreich – Mich selbst
Ergriff der Strom der glaubenvollen Menge
Und riss mich in das Weichbild Roms –

Wie ward mir, Königin!
Als mir der Säulen Pracht und Siegesbogen
Entgegenstieg, des Kolosseums Herrlichkeit
Den Staunenden umfing, ein hoher Bildnergeist
In seine heitre Wunderwelt mich schloss!
Ich hatte nie der Künste Macht gefühlt,
Es hasst die Kirche, die mich auferzog
Der Sinne Reiz, kein Abbild duldet sie,
Allein das körperlose Wort verehrend.
Wie wurde mir, als ich ins Innre nun
Der Kirchen trat und die Musik der Himmel
Herunterstieg und der Gestalten Fülle
Verschwenderisch aus Wand und Decke quoll,
Das Herrlichste und Höchste, gegenwärtig,
Vor den entzückten Sinnen sich bewegte,
Als ich sie selbst nun sah, die Göttlichen,
Den Gruß des Engels, die Geburt des Herrn,
Die Heil'ge Mutter, die herabgestiegne
Dreifaltigkeit, die leuchtende Verklärung –
Als ich den Papst drauf sah in seiner Pracht
Das Hochamt halten und die Völker segnen.
O was ist Goldes, was Juwelen Schein,
Womit der Erde Könige sich schmücken!
Nur Er ist mit dem Göttlichen umgeben.
Ein wahrhaft Reich der Himmel ist sein Haus,
Denn nicht von dieser Welt sind diese Formen.
MARIA. O schonet mein! Nicht weiter. Höret auf,
Den frischen Lebensteppich vor mir aus-
Zubreiten – Ich bin elend und gefangen.
MORTIMER. Auch ich war's, Königin! und mein Gefängnis
Sprang auf und frei auf einmal fühlte sich
Der Geist, des Lebens schönen Tag begrüßend.
Hass schwur ich nun dem engen dumpfen Buch,
Mit frischem Kranz die Schläfe mir zu schmücken,
Mich fröhlich an die Fröhlichen zu schließen.

Viel edle Schotten drängten sich an mich
Und der Franzosen muntre Landsmannschaften.
Sie brachten mich zu Eurem edeln Oheim,
Dem Kardinal von Guise – Welch ein Mann!
Wie sicher, klar und männlich groß! – Wie ganz
Geboren, um die Geister zu regieren!
Das Muster eines königlichen Priesters,
Ein Fürst der Kirche, wie ich keinen sah!

MARIA. Ihr habt sein teures Angesicht gesehn,
Des viel geliebten, des erhabnen Mannes,
Der meiner zarten Jugend Führer war.
O redet mir von ihm. Denkt er noch mein?
Liebt ihn das Glück, blüht ihm das Leben noch,
Steht er noch herrlich da, ein Fels der Kirche?

MORTIMER. Der Treffliche ließ selber sich herab,
Die hohen Glaubenslehren mir zu deuten
Und meines Herzens Zweifel zu zerstreun.
Er zeigt mir, dass grübelnde Vernunft
Den Menschen ewig in der Irre leitet,
Dass seine Augen sehen müssen, was
Das Herz soll glauben, dass ein sichtbar Haupt
Der Kirche Not tut, dass der Geist der Wahrheit
Geruht hat auf den Sitzungen der Väter.
Die Wahnbegriffe meiner kind'schen Seele,
Wie schwanden sie vor seinem siegenden
Verstand und vor der Suada seines Mundes!
Ich kehrte in der Kirche Schoß zurück,
Schwur meinen Irrtum ab in seine Hände.

MARIA. So seid Ihr einer jener Tausende,
Der er mit seiner Rede Himmelskraft,
Wie der erhabne Prediger des Berges,
Ergriffen und zum ew'gen Heil geführt!

MORTIMER. Als ihn des Amtes Pflichten bald darauf
Nach Frankreich riefen, sandt' er mich nach Reims,
Wo die Gesellschaft Jesu, fromm geschäftig,
Für Englands Kirche Priester auferzieht.
Den edeln Schotten Morgan fand ich hier,
Auch Euren treuen Leßley, den gelehrten
Bischof von Roße, die auf Frankreichs Boden
Freudlose Tage der Verbannung leben –
Eng schloss ich mich an diese Würdigen
Und stärkte mich im Glauben – Eines Tags,
Als ich mich umsah in des Bischofs Wohnung,

Fiel mir ein weiblich Bildnis in die Augen,
Von rührend wundersamem Reiz, gewaltig
Ergriff es mich in meiner tiefsten Seele,
Und des Gefühls nicht mächtig stand ich da.
Da sagte mir der Bischof: Wohl mit Recht
Mögt Ihr gerührt bei diesem Bilde weilen.
Die schönste aller Frauen, welche leben,
Ist auch die jammernswürdigste von allen,
Um unsers Glaubens willen duldet sie,
Und Euer Vaterland ist's, wo sie leidet.
MARIA. Der Redliche! Nein, ich verlor nicht alles,
Da solcher Freund im Unglück mir geblieben.
MORTIMER. Drauf fing er an, mit herzerschütternder
Beredsamkeit mir Euer Märtyrtum
Und Eurer Feinde Blutgier abzuschildern.
Auch Euern Stammbaum wies er mir, er zeigte
Mir Eure Abkunft von dem hohen Hause
Der Tudor, überzeugte mich, dass Euch
Allein gebührt, in Engelland zu herrschen,
Nicht dieser Afterkönigin, gezeugt
In ehebrecherischem Bett, die Heinrich,
Ihr Vater, selbst verwarf als Bastardtochter.
Nicht seinem einz'gen Zeugnis wollt' ich traun,
Ich holte Rat bei allen Rechtsgelehrten,
Viel alte Wappenbücher schlug ich nach,
Und alle Kundige, die ich befragte,
Bestätigten mir Eures Anspruchs Kraft.
Ich weiß nunmehr, dass Euer gutes Recht
An England Euer ganzes Unrecht ist,
Dass Euch dies Reich als Eigentum gehört,
Worin Ihr schuldlos als Gefangne schmachtet.
MARIA. O dieses unglücksvolle Recht! Es ist
Die einz'ge Quelle aller meiner Leiden.
MORTIMER. Um diese Zeit kam mir die Kunde zu,
Dass Ihr aus Talbots Schloss hinweggeführt
Und meinem Oheim übergeben worden –
Des Himmels wundervolle Rettungshand
Glaubt' ich in dieser Fügung zu erkennen,
Ein lauter Ruf des Schicksals war sie mir,
Das meinen Arm gewählt, Euch zu befreien.
Die Freunde stimmen freudig bei, es gibt
Der Kardinal mir seinen Rat und Segen
Und lehrt mich der Verstellung schwere Kunst.

Schnell ward der Plan entworfen, und ich trete
Den Rückweg an ins Vaterland, wo ich,
Ihr wisst's, vor zehen Tagen bin gelandet.
  (Er hält inne)
Ich sah Euch, Königin – Euch selbst!
Nicht Euer Bild! – O welchen Schatz bewahrt
Dies Schloss! Kein Kerker! Eine Götterhalle,
Glanzvoller als der königliche Hof
Von England – O des Glücklichen, dem es
Vergönnt ist, eine Luft mit Euch zu atmen!

Wohl hat sie Recht, die Euch so tief verbirgt!
Aufstehen würde Englands ganze Jugend,
Kein Schwert in seiner Scheide müßig bleiben
Und die Empörung mit gigantischem Haupt
Durch diese Friedensinsel schreiten, sähe
Der Brite seine Königin!
MARIA.   Wohl ihr!
Säh jeder Brite sie mit Euren Augen!
MORTIMER. Wär er, wie ich, ein Zeuge Eurer Leiden,
Der Sanftmut Zeuge und der edlen Fassung,
Womit Ihr das Unwürdige erduldet.
Denn geht Ihr nicht aus allen Leidensproben
Als eine Königin hervor? Raubt Euch
Des Kerkers Schmach von Eurem Schönheitsglanze?
Euch mangelt alles, was das Leben schmückt,
Und doch umfließt Euch ewig Licht und Leben.
Nie setz ich meinen Fuß auf diese Schwelle,
Dass nicht mein Herz zerrissen wird von Qualen,
Nicht von der Lust entzückt, Euch anzuschauen! –
Doch furchtbar naht sich die Entscheidung, wachsend
Mit jeder Stunde dringet die Gefahr,
Ich darf nicht länger säumen – Euch nicht länger
Das Schreckliche verbergen –
MARIA.   Ist mein Urteil
Gefällt? Entdeckt mir's frei. Ich kann es hören.
MORTIMER. Es ist gefällt. Die zweiundvierzig Richter haben
Ihr Schuldig ausgesprochen über Euch. Das Haus
Der Lords und der Gemeinen, die Stadt London
Bestehen heftig dringend auf des Urteils
Vollstreckung, nur die Königin säumt noch
– Aus arger List, dass man sie nötige,
Nicht aus Gefühl der Menschlichkeit und Schonung.

MARIA *(mit Fassung).*
Sir Mortimer, Ihr überrascht mich nicht,
Erschreckt mich nicht. Auf solche Botschaft war ich
Schon längst gefasst. Ich kenne meine Richter.
Nach den Misshandlungen, die ich erlitten,
Begreif ich wohl, dass man die Freiheit mir
Nicht schenken kann – Ich weiß, wo man hinauswill.
In ew'gem Kerker will man mich bewahren
Und meine Rache, meinen Rechtsanspruch
Mit mir verscharren in Gefängnisnacht.
MORTIMER. Nein, Königin – o nein! nein! Dabei steht man
Nicht still. Die Tyrannei begnügt sich nicht,
Ihr Werk nur halb zu tun. Solang Ihr lebt,
Lebt auch die Furcht der Königin von England.
Euch kann kein Kerker tief genug begraben,
Nur Euer Tod versichert ihren Thron.
MARIA. Sie könnt es wagen, mein gekröntes Haupt
Schmachvoll auf einen Henkerblock zu legen?
MORTIMER. Sie wird es wagen. Zweifelt nicht daran.
MARIA. Sie könnte so die eigne Majestät
Und aller Könige im Staube wälzen?
Und fürchtet sie die Rache Frankreichs nicht?
MORTIMER. Sie schließt mit Frankreich einen ew'gen Frieden,
Dem Duc von Anjou schenkt sie Thron und Hand.
MARIA. Wird sich der König Spaniens nicht waffnen?
MORTIMER. Nicht eine Welt in Waffen fürchtet sie,
Solang sie Frieden hat mit ihrem Volke.
MARIA. Den Briten wollte sie dies Schauspiel geben?
MORTIMER. Dies Land, Mylady, hat in letzten Zeiten
Der königlichen Frauen mehr vom Thron
Herab aufs Blutgerüste steigen sehn.
Die eigne Mutter der Elisabeth
Ging diesen Weg, und Katharina Howard,
Auch Lady Gray war ein gekröntes Haupt.
MARIA *(nach einer Pause).*
Nein, Mortimer! Euch blendet eitle Furcht.
Es ist die Sorge Eures treuen Herzens,
Die Euch vergebne Schrecknisse erschafft.
Nicht das Schafott ist's, das ich fürchte, Sir.
Es gibt noch andre Mittel, stillere,
Wodurch sich die Beherrscherin von England
Vor meinem Anspruch Ruhe schaffen kann.
Eh sich ein Henker für mich findet, wird

Noch eher sich ein Mörder dingen lassen.
– Das ist's, wovor ich zittre, Sir! und nie
Setz ich des Bechers Rand an meine Lippen,
Dass nicht ein Schauder mich ergreift, er könnte
Kredenzt sein von der Liebe meiner Schwester.

MORTIMER. Nicht offenbar noch heimlich soll's dem Mord
Gelingen, Euer Leben anzutasten.
Seid ohne Furcht! Bereitet ist schon alles,
Zwölf edle Jünglinge des Landes sind
In meinem Bündnis, haben heute früh
Das Sakrament darauf empfangen, Euch
Mit starkem Arm aus diesem Schloss zu führen.
Graf Aubespine, der Abgesandte Frankreichs,
Weiß um den Bund, er bietet selbst die Hände,
Und sein Palast ist's, wo wir uns versammeln.

MARIA. Ihr macht mich zittern, Sir – doch nicht für Freude.
Mir fliegt ein böses Ahnen durch das Herz.
Was unternehmt Ihr? Wisst Ihr's? Schrecken euch
Nicht Babingtons, nicht Tichburns blut'ge Häupter,
Auf Londons Brücke warnend aufgesteckt,
Nicht das Verderben der Unzähligen,
Die ihren Tod in gleichem Wagstück fanden
Und meine Ketten schwerer nur gemacht?
Unglücklicher, verführter Jüngling – flieht!
Flieht, wenn's noch Zeit ist – wenn der Späher Burleigh
Nicht jetzt schon Kundschaft hat von euch, nicht schon
In eure Mitte den Verräter mischte.
Flieht aus dem Reiche schnell! Marien Stuart
Hat noch kein Glücklicher beschützt.

MORTIMER.   Mich schrecken
Nicht Babingtons, nicht Tichburns blut'ge Häupter,
Auf Londons Brücke warnend aufgesteckt,
Nicht das Verderben der unzähl'gen andern,
Die ihren Tod in gleichem Wagstück fanden,
Sie fanden auch darin den ew'gen Ruhm,
Und Glück schon ist's, für Eure Rettung sterben.

MARIA. Umsonst! Mich rettet nicht Gewalt, nicht List.
Der Feind ist wachsam und die Macht ist sein.
Nicht Paulet nur und seiner Wächter Schar,
Ganz England hütet meines Kerkers Tore.
Der freie Wille der Elisabeth allein
Kann sie mir auftun.

MORTIMER.   O das hoffet nie!

MARIA. Ein einz'ger Mann lebt, der sie öffnen kann.
MORTIMER. O nennt mir diesen Mann –
MARIA.   Graf Leicester!
MORTIMER *(tritt erstaunt zurück).*   Leicester!
    Graf Leicester! – Euer blutigster Verfolger,
Der Günstling der Elisabeth – von diesem –
MARIA. Bin ich zu retten, ist's allein durch ihn.
    – Geht zu ihm. Öffnet Euch ihm frei.
Und zur Gewähr, dass i c h ' s bin, die Euch sendet,
Bringt ihm dies Schreiben. Es enthält mein Bildnis.
    (Sie zieht ein Papier aus dem Busen, Mortimer tritt zurück
                    und zögert, es anzunehmen)
Nehmt hin. Ich trag es lange schon bei mir,
Weil Eures Oheims strenge Wachsamkeit
Mir jeden Weg zu ihm gehemmt – Euch sandte
Mein guter Engel –
MORTIMER.   Königin – dies Rätsel –
Erklärt es mir –
MARIA.   Graf Leicester wird's Euch lösen.
Vertraut ihm, er wird Euch vertraun – Wer kommt?
KENNEDY *(eilfertig eintretend).*
    Sir Paulet naht mit einem Herrn vom Hofe.
MORTIMER. Es ist Lord Burleigh. Fasst Euch, Königin!
Hört es mit Gleichmut an, was er Euch bringt.
    (Er entfernt sich durch eine Seitentür, Kennedy folgt ihm)

SIEBENTER AUFTRITT

Maria. Lord Burleigh, Großschatzmeister
von England, und Ritter Paulet.

PAULET. Ihr wünschet heut Gewissheit Eures Schicksals,
Gewissheit bringt Euch seine Herrlichkeit,
Mylord von Burleigh. Tragt sie mit Ergebung.
MARIA. Mit Würde, hoff ich, die der Unschuld ziemt.
BURLEIGH. Ich komme als Gesandter des Gerichts.
MARIA. Lord Burleigh leiht dienstfertig dem Gerichte,
Dem er den Geist geliehn, nun auch den Mund.
PAULET. Ihr sprecht, als wüsstet ihr bereits das Urteil.
MARIA. Da es Lord Burleigh bringt, so weiß ich es.
    – Zur Sache, Sir.
BURLEIGH.   Ihr habt Euch dem Gericht

Der Zweiundvierzig unterworfen, Lady –
MARIA. Verzeiht, Mylord, dass ich Euch gleich zu Anfang
Ins Wort muss fallen – Unterworfen hätt ich mich
Dem Richterspruch der Zweiundvierzig, sagt Ihr?
Ich habe keineswegs mich unterworfen.
Nie konnt' ich das – ich konnte meinem Rang,
Der Würde meines Volks und meines Sohnes
Und aller Fürsten nicht so viel vergeben.
Verordnet ist im englischen Gesetz,
Dass jeder Angeklagte durch Geschworne
Von seinesgleichen soll gerichtet werden.
Wer in der Committee ist meinesgleichen?
Nur Könige sind meine Peers.
BURLEIGH.   Ihr hörtet
Die Klagartikel an, ließt Euch darüber
Vernehmen vor Gerichte –
MARIA.   Ja, ich habe mich
Durch Hattons arge List verleiten lassen,
Bloß meiner Ehre wegen, und im Glauben
An meiner Gründe siegende Gewalt,
Ein Ohr zu leihen jenen Klagepunkten
Und ihren Ungrund darzutun – Das tat ich
Aus Achtung für die würdigen Personen
Der Lords, nicht für ihr Amt, das ich verwerfe.
BURLEIGH. Ob Ihr sie anerkennt, ob nicht, Mylady,
Das ist nur eine leere Förmlichkeit,
Die des Gerichtes Lauf nicht hemmen kann.
Ihr atmet Englands Luft, genießt den Schutz,
Die Wohltat des Gesetzes, und so seid Ihr
Auch seiner Herrschaft untertan!
MARIA.   Ich atme
Die Luft in einem englischen Gefängnis.
Heißt das in England leben, der Gesetze
Wohltat genießen? Kenn ich sie doch kaum.
Nie hab ich eingewilligt, sie zu halten.
Ich bin nicht dieses Reiches Bürgerin,
Bin eine freie Königin des Auslands.
BURLEIGH. Und denkt Ihr, dass der königliche Name
Zum Freibrief dienen könne, blut'ge Zwietracht
In fremdem Lande straflos auszusäen?
Wie stünd es um die Sicherheit der Staaten,
Wenn das gerechte Schwert der Themis nicht
Die schuld'ge Stirn des königlichen Gastes

Erreichen könnte, wie des Bettlers Haupt?
735 MARIA. Ich will mich nicht der Rechenschaft entziehn,
Die Richter sind es nur, die ich verwerfe.
BURLEIGH. Die Richter! Wie, Mylady? Sind es etwa
Vom Pöbel aufgegriffene Verworfne,
Schamlose Zungendrescher, denen Recht
740 Und Wahrheit feil ist, die sich zum Organ
Der Unterdrückung willig dingen lassen?
Sind's nicht die ersten Männer dieses Landes,
Selbstständig g'nug, um wahrhaft sein zu dürfen,
Um über Fürstenfurcht und niedrige
745 Bestechung weit erhaben sich zu sehn?
Sind's nicht dieselben, die ein edles Volk
Frei und gerecht regieren, deren Namen
Man nur zu nennen braucht, um jeden Zweifel,
Um jeden Argwohn schleunig stumm zu machen?
750 An ihrer Spitze steht der Völkerhirte,
Der fromme Primas von Canterbury,
Der weise Talbot, der des Siegels wahret,
Und Howard, der des Reiches Flotten führt.
Sagt! Konnte die Beherrscherin von England
755 Mehr tun, als aus der ganzen Monarchie
Die Edelsten auslesen und zu Richtern
In diesem königlichen Streit bestellen?
Und wär's zu denken, dass Parteienhass
Den Einzelnen bestäche – Können vierzig
760 Erlesne Männer sich in einem Spruche
Der Leidenschaft vereinigen?
MARIA *(nach einigem Stillschweigen).*
Ich höre staunend die Gewalt des Mundes,
Der mir von je so unheilbringend war –
Wie werd ich mich, ein ungelehrtes Weib,
765 Mit so kunstfert'gem Redner messen können! –
Wohl! wären diese Lords, wir Ihr sie schildert,
Verstummen müsst ich, hoffnungslos verloren
Wär meine Sache, sprächen sie mich schuldig.
Doch diese Namen, die Ihr preisend nennt,
770 Die mich durch ihr Gewicht zermalmen sollen,
Mylord, ganz andere Rollen seh ich sie
In den Geschichten dieses Landes spielen.
Ich sehe diesen hohen Adel Englands,
Des Reiches majestätischen Senat,
775 Gleich Sklaven des Serails den Sultanslaunen

Heinrichs des Achten, meines Großohms, schmeicheln –
Ich sehe dieses edle Oberhaus,
Gleich feil mit den erkäuflichen Gemeinen,
Gesetze prägen und verrufen, Ehen
Auflösen, binden, wie der Mächtige 780
Gebietet, Englands Fürstentöchter heute
Enterben, mit dem Bastardnamen schänden
Und morgen sie zu Königinnen krönen.
Ich sehe diese würd'gen Peers mit schnell
Vertauschter Überzeugung unter vier 785
Regierungen den Glauben vier Mal ändern –
BURLEIGH.
Ihr nennt Euch fremd in Englands Reichsgesetzen,
In Englands Unglück seid Ihr sehr bewandert.
MARIA. Und das sind meine Richter! – Lord Schatzmeister!
Ich will gerecht sein gegen Euch! Seid Ihr's 790
Auch gegen mich – Man sagt, Ihr meint es gut
Mit diesem Staat, mit Eurer Königin,
Seid unbestechlich, wachsam, unermüdet –
Ich will es glauben. Nicht der eigne Nutzen
Regiert Euch, Euch regiert allein der Vorteil 795
Des Souveräns, des Landes. Eben darum
Misstraut Euch, edler Lord, dass nicht der Nutzen
Des Staats Euch als Gerechtigkeit erscheine.
Nicht zweifl' ich dran, es sitzen neben Euch
Noch edle Männer unter meinen Richtern. 800
Doch sie sind Protestanten, Eiferer
Für Englands Wohl, und sprechen über mich,
Die Königin von Schottland, die Papistin!
Es kann der Brite gegen den Schotten nicht
Gerecht sein, ist ein uralt Wort – Drum ist 805
Herkömmlich seit der Väter grauen Zeit,
Dass vor Gericht kein Brite gegen den Schotten,
Kein Schotte gegen jenen zeugen darf.
Die Not gab dieses seltsame Gesetz,
Ein tiefer Sinn wohnt in den alten Bräuchen, 810
Man muss sie ehren, Mylord – die Natur
Warf diese beiden feur'gen Völkerschaften
Auf dieses Brett im Ozean, ungleich
Verteilte sie's und hieß sie darum kämpfen.
Der Tweede schmales Bette trennt allein 815
Die heft'gen Geister, oft vermischte sich
Das Blut der Kämpfenden in ihren Wellen.

Die Hand am Schwerte, schauen sie sich drohend
Von beiden Ufern an, seit tausend Jahren.
Kein Feind bedränget Engelland, dem nicht
Der Schotte sich zum Helfer zugesellte,
Kein Bürgerkrieg entzündet Schottlands Städte,
Zu dem der Brite nicht den Zunder trug.
Und nicht erlöschen wird der Hass, bis endlich
Ein Parlament sie brüderlich vereint,
Ein Zepter waltet durch die ganze Insel.
BURLEIGH. Und eine Stuart sollte dieses Glück
Dem Reich gewähren?
MARIA.   Warum soll ich's leugnen?
Ja, ich gesteh's, dass ich die Hoffnung nährte,
Zwei edle Nationen unterm Schatten
Des Ölbaums frei und fröhlich zu vereinen.
Nicht ihres Völkerhasses Opfer glaub' ich
Zu werden; ihre lange Eifersucht,
Der alten Zwietracht unglücksel'ge Glut
Hofft' ich auf ew'ge Tage zu ersticken
Und, wie mein Ahnherr Richmond die zwei Rosen
Zusammenband nach blut'gem Streit, die Kronen
Schottland und England friedlich zu vermählen.
BURLEIGH. Auf schlimmem Weg verfolget Ihr dies Ziel,
Da Ihr das Reich entzünden, durch die Flammen
Des Bürgerkriegs zum Throne steigen wolltet.
MARIA.
Das wollt' ich nicht – beim großen Gott des Himmels!
Wann hätt' ich das gewollt? Wo sind die Proben?
BURLEIGH. Nicht Streitens wegen kam ich her. Die Sache
Ist keinem Wortgefecht mehr unterworfen.
Es ist erkannt durch vierzig Stimmen gegen zwei,
Dass Ihr die Akte vom vergangnen Jahr
Gebrochen, dem Gesetz verfallen seid.
Es ist verordnet im vergangnen Jahr:
„Wenn sich Tumult im Königreich erhübe,
Im Namen und zum Nutzen irgendeiner
Person, die Rechte vorgibt an die Krone,
Dass man gerichtlich gegen sie verfahre,
Bis in den Tod die schuldige verfolge" –
Und da bewiesen ist –
MARIA.   Mylord von Burleigh!
Ich zweifle nicht, dass ein Gesetz, ausdrücklich
Auf mich gemacht, verfasst, mich zu verderben,

Sich gegen mich wird brauchen lassen – Wehe
Dem armen Opfer, wenn derselbe Mund,
Der das Gesetz gab, auch das Urteil spricht!
Könnt Ihr es leugnen, Lord, dass jene Akte
Zu meinem Untergang ersonnen ist?
BURLEIGH. Zu Eurer Warnung sollte sie gereichen,
Zum Fallstrick habt Ihr selber sie gemacht.
Den Abgrund saht Ihr, der vor Euch sich auftat,
Und treu gewarnet stürztet Ihr hinein.
Ihr wart mit Babington, dem Hochverräter,
Und seinen Mordgesellen einverstanden,
Ihr hattet Wissenschaft von allem, lenktet
Aus Eurem Kerker planvoll die Verschwörung.
MARIA. Wann hätt ich das getan? Man zeige mir
Die Dokumente auf.
BURLEIGH.   Die hat man Euch
Schon neulich vor Gerichte vorgewiesen.
MARIA. Die Kopien, von fremder Hand geschrieben!
Man bringe die Beweise mir herbei,
Dass ich sie selbst diktiert, dass ich sie so
Diktiert, gerade so, wie man gelesen.
BURLEIGH. Dass es dieselben sind, die er empfangen,
Hat Babington vor seinem Tod bekannt.
MARIA. Und warum stellte man ihn mir nicht lebend
Vor Augen? Warum eilte man so sehr,
Ihn aus der Welt zu fördern, eh man ihn
Mir, Stirne gegen Stirne, vorgeführt?
BURLEIGH. Auch Eure Schreiber, Kurl und Nau, erhärten
Mit einem Eid, dass es die Briefe seien,
Die sie aus Eurem Munde niederschrieben.
MARIA. Und auf das Zeugnis meiner Hausbedienten
Verdammt man mich? Auf Treu und Glauben derer,
Die mich verraten, ihre Königin,
Die in demselben Augenblick die Treu
Mir brachen, da sie gegen mich gezeugt?
BURLEIGH. Ihr selbst erkläret sonst den Schotten Kurl
Für einen Mann von Tugend und Gewissen.
MARIA. So kannt' ich ihn – doch eines Mannes Tugend
Erprobt allein die Stunde der Gefahr.
Die Folter konnt' ihn ängstigen, dass er
Aussagte und gestand, was er nicht wusste!
Durch falsches Zeugnis glaubt' er sich zu retten
Und mir, der Königin, nicht viel zu schaden.

BURLEIGH. Mit einem freien Eid hat er's beschworen.
MARIA. Vor meinem Angesichte nicht! – Wie, Sir?
Das sind zwei Zeugen, die noch beide leben!
Man stelle sie mir gegenüber, lasse sie
Ihr Zeugnis mir ins Antlitz wiederholen!
Warum mir eine Gunst, ein Recht verweigern,
Das man dem Mörder nicht versagt? Ich weiß
Aus Talbots Munde, meines vor'gen Hüters,
Dass unter dieser nämlichen Regierung
Ein Reichsschluss durchgegangen, der befiehlt,
Den Kläger dem Beklagten vorzustellen.
Wie? Oder hab ich falsch gehört? – Sir Paulet!
Ich hab Euch stets als Biedermann erfunden,
Beweist es jetzo. Sagt mir auf Gewissen,
Ist's nicht so? Gibt's kein solch Gesetz in England?
PAULET. So ist's, Mylady. Das ist bei uns rechtens.
Was wahr ist, muss ich sagen.
MARIA. Nun, Mylord!
Wenn man mich denn so streng nach englischem Recht
Behandelt, wo dies Recht mich unterdrückt,
Warum dasselbe Landesrecht umgehen,
Wenn es mir Wohltat werden kann? – Antwortet!
Warum ward Babington mir nicht vor Augen
Gestellt, wie das Gesetz befiehlt? Warum
Nicht meine Schreiber, die noch beide leben?
BURLEIGH. Ereifert Euch nicht, Lady. Euer Einverständnis
Mit Babington ist's nicht allein –
MARIA. Es ist's
Allein, was mich dem Schwerte des Gesetzes
Bloßstellt, wovon ich mich zu rein'gen habe.
Mylord! Bleibt bei der Sache. Beugt nicht aus.
BURLEIGH. Es ist bewiesen, dass ihr mit Mendoza,
Dem spanischen Botschafter, unterhandelt –
MARIA *(lebhaft)*.
Bleibt bei der Sache, Lord!
BURLEIGH. Dass Ihr Anschläge
Geschmiedet, die Religion des Landes
Zu stürzen, alle Könige Europens
Zum Krieg mit England aufgeregt –
MARIA. Und wenn ich's
Getan? Ich hab es nicht getan – Jedoch
Gesetzt, ich tat's! – Mylord, man hält mich hier
Gefangen wider alle Völkerrechte.

Nicht mit dem Schwerte kam ich in dies Land,
Ich kam herein, als eine Bittende,
Das heil'ge Gastrecht fodernd, in den Arm 940
Der blutsverwandten Königin mich werfend –
Und so ergriff mich die Gewalt, bereitete
Mir Ketten, wo ich Schutz gehofft – Sagt an!
Ist mein Gewissen gegen diesen Staat
Gebunden? Hab ich Pflichten gegen England? 945
Ein heilig Zwangsrecht üb ich aus, da ich
Aus diesen Banden strebe, Macht mit Macht
Abwende, alle Staaten dieses Weltteils
Zu meinem Schutz aufrühre und bewege.
Was irgend nur in einem guten Krieg 950
Recht ist und ritterlich, das darf ich üben.
Den Mord allein, die heimlich blut'ge Tat,
Verbietet mir mein Stolz und mein Gewissen,
Mord würde mich beflecken und entehren.
Entehren sag ich – keinesweges mich 955
Verdammen, einem Rechtsspruch unterwerfen.
Denn nicht vom Rechte, von Gewalt allein
Ist zwischen mir und Engelland die Rede.
BURLEIGH *(bedeutend)*.
Nicht auf der Stärke schrecklich Recht beruft Euch,
Mylady! Es ist der Gefangenen nicht günstig. 960
MARIA. Ich bin die Schwache, sie die Mächt'ge – Wohl!
Sie brauche die Gewalt, sie töte mich,
Sie bringe ihrer Sicherheit das Opfer.
Doch sie gestehe dann, dass sie die Macht
Allein, nicht die Gerechtigkeit geübt. 965
Nicht vom Gesetze borge sie das Schwert,
Sich der verhassten Feindin zu entladen,
Und kleide nicht in heiliges Gewand
Der rohen Stärke blutiges Erkühnen.
Solch Gaukelspiel betrüge nicht die Welt! 970
Ermorden lassen kann sie mich, nicht richten!
Sie geb es auf, mit des Verbrechens Früchten
Den heil'gen Schein der Tugend zu vereinen,
Und was sie i s t, das wage sie zu scheinen!
(Sie geht ab)

ACHTER AUFTRITT

Burleigh. Paulet.

BURLEIGH. Sie trotzt uns – wird uns trotzen, Ritter Paulet,
Bis an die Stufen des Schafotts – Dies stolze Herz
Ist nicht zu brechen – Überraschte sie
Der Urtelsspruch? Saht Ihr sie eine Träne
Vergießen? Ihre Farbe nur verändern?
Nicht unser Mitleid ruft sie an. Wohl kennt sie
Den Zweifelmut der Königin von England,
Und unsre Furcht ist's, was sie mutig macht.
PAULET.
Lord Großschatzmeister! Dieser eitle Trotz wird schnell
Verschwinden, wenn man ihm den Vorwand raubt.
Es sind Unziemlichkeiten vorgegangen
In diesem Rechtsstreit, wenn ich's sagen darf.
Man hätte diesen Babington und Tichburn
Ihr in Person vorführen, ihre Schreiber
Ihr gegenüberstellen sollen.
BURLEIGH *(schnell).*   Nein!
Nein, Ritter Paulet! Das war nicht zu wagen.
Zu groß ist ihre Macht auf die Gemüter
Und ihrer Tränen weibliche Gewalt.
Ihr Schreiber Kurl, ständ er ihr gegenüber,
Käm es dazu, das Wort nun auszusprechen,
An dem ihr Leben hängt – er würde zaghaft
Zurückziehn, sein Geständnis widerrufen –
PAULET. So werden Englands Feinde alle Welt
Erfüllen mit gehässigen Gerüchten,
Und des Prozesses festliches Gepräng
Wird als ein kühner Frevel nur erscheinen.
BURLEIGH. Dies ist der Kummer unsrer Königin –
Dass diese Stifterin des Unheils doch
Gestorben wäre, ehe sie den Fuß
Auf Englands Boden setzte!
PAULET.   Dazu sag ich Amen.
BURLEIGH. Dass Krankheit sie im Kerker aufgerieben!
PAULET. Viel Unglück hätt es diesem Land erspart.
BURLEIGH. Doch hätt auch gleich ein Zufall der Natur
Sie hingerafft – Wir hießen doch die Mörder.
PAULET.
Wohl wahr. Man kann den Menschen nicht verwehren,

Zu denken, was sie wollen.
BURLEIGH. Zu beweisen wär's
Doch nicht und würde weniger Geräusch erregen –
PAULET. Mag es Geräusch erregen! Nicht der laute,
Nur der gerechte Tadel kann verletzen.
BURLEIGH. Oh! auch die heilige Gerechtigkeit
Entflieht dem Tadel nicht. Die Meinung hält es
Mit dem Unglücklichen, es wird der Neid
Stets den obsiegend Glücklichen verfolgen.
Das Richterschwert, womit der Mann sich ziert,
Verhasst ist's in der Frauen Hand. Die Welt
Glaubt nicht an die Gerechtigkeit des Weibes,
Sobald ein Weib das Opfer wird. Umsonst,
Dass wir, die Richter, nach Gewissen sprachen!
Sie hat der Gnade königliches Recht.
Sie muss es brauchen; unerträglich ist's,
Wenn sie den strengen Lauf lässt dem Gesetze!
PAULET. Und also –
BURLEIGH. *(rasch einfallend)*. Also soll sie leben? Nein!
Sie darf nicht leben! Nimmermehr! Dies, eben
Dies ist's, was unsre Königin beängstigt –
Warum der Schlaf ihr Lager flieht – Ich lese
In ihren Augen ihrer Seele Kampf,
Ihr Mund wagt ihre Wünsche nicht zu sprechen,
Doch viel bedeutend fragt ihr stummer Blick:
Ist unter allen meinen Dienern keiner,
Der die verhasste Wahl mir spart, in ew'ger Furcht
Auf meinem Thron zu zittern, oder grausam
Die Königin, die eigne Blutsverwandte
Dem Beil zu unterwerfen?
PAULET.
Das ist nun die Notwendigkeit, steht nicht zu ändern.
BURLEIGH. Wohl stünd's zu ändern, meint die Königin,
Wenn sie nur aufmerksamre Diener hätte.
PAULET. Aufmerksamre?
BURLEIGH. Die einen stummen Auftrag
Zu deuten wissen.
PAULET. Einen stummen Auftrag!
BURLEIGH. Die, wenn man ihnen eine gift'ge Schlange
Zu hüten gab, den anvertrauten Feind
Nicht wie ein heilig teures Kleinod hüten.
PAULET. *(bedeutungsvoll)*.
Ein hohes Kleinod ist der gute Name,

> Der unbescholtne Ruf der Königin,
> Den kann man nicht zu wohl bewachen, Sir!
> BURLEIGH. Als man die Lady von dem Shrewsbury
> Wegnahm und Ritter Paulets Hut vertraute,
> Da war die Meinung –
> PAULET.   Ich will hoffen, Sir,
> Die Meinung war, dass man den schwersten Auftrag
> Den reinsten Händen übergeben wollte.
> Bei Gott! Ich hätte dieses Schergenamt
> Nicht übernommen, dächt ich nicht, dass es
> Den besten Mann in England foderte.
> Lasst mich nicht denken, dass ich's etwas anderm
> Als meinem reinen Rufe schuldig bin.
> BURLEIGH. Man breitet aus, sie schwinde, lässt sie kränker
> Und kränker werden, endlich still verscheiden,
> So stirbt sie in der Menschen Angedenken –
> Und Euer Ruf bleibt rein.
> PAULET.   Nicht mein Gewissen.
> BURLEIGH. Wenn Ihr die eigne Hand nicht leihen wollt,
> So werdet Ihr der fremden doch nicht wehren –
> PAULET *(unterbricht ihn).*
> Kein Mörder soll sich ihrer Schwelle nah'n,
> Solang die Götter meines Dachs sie schützen.
> Ihr Leben ist mir heilig, heil'ger nicht
> Ist mir das Haupt der Königin von England.
> Ihr seid die Richter! Richtet! Brecht den Stab!
> Und wenn es Zeit ist, lasst den Zimmerer
> Mit Axt und Säge kommen, das Gerüst
> Aufschlagen – für den Sheriff und den Henker
> Soll meines Schlosses Pforte offen sein.
> Jetzt ist sie zur Bewahrung mir vertraut,
> Und seid gewiss, ich werde sie bewahren,
> Dass sie nichts Böses tun soll, noch erfahren!
>   *(Gehen ab.)*

ZWEITER AUFZUG

Der Palast zu Westminster

ERSTER AUFTRITT

Der Graf von Kent und Sir William Davison
begegnen einander.

DAVISON.
   Seid Ihr's, Mylord von Kent? Schon vom Turnierplatz
   Zurück, und ist die Festlichkeit zu Ende?
KENT. Wie? Wohntet Ihr dem Ritterspiel nicht bei?
DAVISON. Mich hielt mein Amt.
KENT.   Ihr habt das schönste Schauspiel
   Verloren, Sir, das der Geschmack ersonnen
   Und edler Anstand ausgeführt – denn wisst!
   Es wurde vorgestellt die keusche Festung
   Der Schönheit, wie sie vom Verlangen
   Berennt wird – Der Lord Marschall, Oberrichter,
   Der Seneschall nebst zehen andern Rittern
   Der Königin verteidigten die Festung,
   Und Frankreichs Kavaliere griffen an.
   Voraus erschien ein Herold, der das Schloss
   Auffoderte in einem Madrigale,
   Und von dem Wall antwortete der Kanzler.
   Drauf spielte das Geschütz, und Blumensträuße,
   Wohlriechend köstliche Essenzen wurden
   Aus niedlichen Feldstücken abgefeuert.
   Umsonst! die Stürme wurden abgeschlagen,
   Und das Verlangen musste sich zurückziehn.
DAVISON. Ein Zeichen böser Vorbedeutung, Graf,
   Für die französische Brautwerbung.
KENT. Nun, nun, das war ein Scherz – Im Ernste denk ich,
   Wird sich die Festung endlich doch ergeben.
DAVISON. Glaubt Ihr? Ich glaub es nimmermehr.
KENT. Die schwierigsten Artikel sind bereits
   Berichtigt und von Frankreich zugestanden.
   Monsieur begnügt sich, in verschlossener
   Kapelle seinen Gottesdienst zu halten
   Und öffentlich die Reichsreligion
   Zu ehren und zu schützen – Hättet Ihr den Jubel
   Des Volks gesehn, als diese Zeitung sich verbreitet!

Denn dieses war des Landes ew'ge Furcht,
Sie möchte sterben ohne Leibeserben
Und England wieder Papstes Fesseln tragen,
Wenn ihr die Stuart auf dem Throne folgte.
DAVISON. Der Furcht kann es entledigt sein – Sie geht
Ins Brautgemach, die Stuart geht zum Tode.
KENT. Die Königin kommt!

ZWEITER AUFTRITT

*Die Vorigen. Elisabeth, von Leicester geführt.
Graf Aubespine, Bellievre, Graf Shrewsbury,
Lord Burleigh mit noch andern französischen
und englischen Herren treten auf.*

ELISABETH *(zu Aubespine).*
Graf! Ich beklage diese edeln Herrn,
Die ihr galanter Eifer über Meer
Hieher geführt, dass sie die Herrlichkeit
Des Hofs von Saint Germain bei mir vermissen.
Ich kann so prächt'ge Götterfeste nicht
Erfinden als die königliche Mutter
Von Frankreich – Ein gesittet fröhlich Volk,
Das sich, sooft ich öffentlich mich zeige,
Mit Segnungen um meine Sänfte drängt,
Dies ist das Schauspiel, das ich fremden Augen
Mit ein'gem Stolze zeigen kann. Der Glanz
Der Edelfräulein, die im Schönheitsgarten
Der Katharina blühn, verbärge nur
Mich selber und mein schimmerlos Verdienst.
AUBESPINE. Nur eine Dame zeigt Westminsterhof
Dem überraschten Fremden – aber alles,
Was an dem reizenden Geschlecht entzückt,
Stellt sich versammelt dar in dieser einen.
BELLIEVRE. Erhabne Majestät von Engelland,
Vergönne, dass wir unsern Urlaub nehmen,
Und Monsieur, unsern königlichen Herrn,
Mit der ersehnten Freudenpost beglücken.
Ihn hat des Herzens heiße Ungeduld
Nicht in Paris gelassen, er erwartet
Zu Amiens die Boten seines Glücks,
Und bis nach Calais reichen seine Posten,

        Das Jawort, das dein königlicher Mund
        Aussprechen wird, mit Flügelschnelligkeit
        Zu seinem trunknen Ohre hinzutragen.
ELISABETH. Graf Bellievre, dringt nicht weiter in mich.
        Nicht Zeit ist's jetzt, ich wiederhol es Euch,
        Die freud'ge Hochzeitsfackel anzuzünden.
        Schwarz hängt der Himmel über diesem Land,
        Und besser ziemte mir der Trauerflor
        Als das Gepränge bräutlicher Gewänder.
        Denn nahe droht ein jammervoller Schlag
        Mein Herz zu treffen und mein eignes Haus.
BELLIEVRE. Nur dein Versprechen gib uns, Königin,
        In frohern Tagen folge die Erfüllung.
ELISABETH. Die Könige sind nur Sklaven ihres Standes,
        Dem eignen Herzen dürfen sie nicht folgen.
        Mein Wunsch war's immer, unvermählt zu sterben,
        Und meinen Ruhm hätt ich darein gesetzt,
        Dass man dereinst auf meinem Grabstein läse:
        „Hier ruht die jungfräuliche Königin."
        Doch meine Untertanen wollen's nicht.
        Sie denken jetzt schon fleißig an die Zeit,
        Wo ich dahin sein werde – Nicht genug,
        Dass j e t z t der Segen dieses Land beglückt,
        Auch ihrem künft'gen Wohl soll ich mich opfern,
        Auch meine jungfräuliche Freiheit soll ich,
        Mein höchstes Gut, hingeben für mein Volk,
        Und der Gebieter wird mir aufgedrungen.
        Er zeigt mir dadurch an, dass ich ihm nur
        Ein Weib bin, und ich meinte doch, regiert
        Zu haben wie ein Mann und wie ein König.
        Wohl weiß ich, dass man Gott nicht dient, wenn man
        Die Ordnung der Natur verlässt, und Lob
        Verdienen sie, die vor mir hier gewaltet,
        Dass sie die Klöster aufgetan, und tausend
        Schlachtopfer einer falschverstandnen Andacht
        Den Pflichten der Natur zurückgegeben.
        Doch eine Königin, die ihre Tage
        Nicht ungenützt in müßiger Beschauung
        Verbringt, die unverdrossen, unermüdet,
        Die schwerste aller Pflichten übt, d i e sollte
        Von dem Naturzweck ausgenommen sein,
        Der e i n e Hälfte des Geschlechts der Menschen
        Der andern unterwürfig macht –

AUBESPINE. Jedwede Tugend, Königin, hast du
Auf deinem Thron verherrlicht, nichts ist übrig,
Als dem Geschlechte, dessen Ruhm du bist,
Auch noch in seinen eigensten Verdiensten
Als Muster vorzuleuchten. Freilich lebt
Kein Mann auf Erden, der es würdig ist,
Dass du die Freiheit ihm zum Opfer brächtest.
Doch wenn Geburt, wenn Hoheit, Heldentugend
Und Männerschönheit einen Sterblichen
Der Ehre würdig machen, so –
ELISABETH. Kein Zweifel,
Herr Abgesandter, dass ein Ehebündnis
Mit einem königlichen Sohne Frankreichs
Mich ehrt! Ja, ich gesteh es unverhohlen,
Wenn es sein muss – wenn ich's nicht ändern kann,
Dem Dringen meines Volkes nachzugeben –
Und es wird stärker sein als ich, befürcht ich –
So kenn ich in Europa keinen Fürsten,
Dem ich mein höchstes Kleinod, meine Freiheit,
Mit minderm Widerwillen opfern würde.
Lasst dies Geständnis Euch Genüge tun.
BELLIEVRE. Es ist die schönste Hoffnung, doch es ist
Nur eine Hoffnung, und mein Herr wünscht mehr –
ELISABETH. Was wünscht er? *(Sie zieht einen Ring vom Finger und betrachtet ihn nachdenkend)*
Hat die Königin doch nichts
Voraus vor dem gemeinen Bürgerweibe!
Das gleiche Zeichen weist auf gleiche Pflicht,
Auf gleiche Dienstbarkeit – Der Ring macht Ehen,
Und Ringe sind's, die eine Kette machen.
– Bringt Seiner Hoheit dies Geschenk. Es ist
Noch keine Kette, bindet mich noch nicht,
Doch kann ein Reif draus werden, der mich bindet.
BELLIEVRE *(kniet nieder, den Ring empfangend).*
In seinem Namen, große Königin,
Empfang ich kniend dies Geschenk und drücke
Den Kuss der Huldigung auf meiner Fürstin Hand!
ELISABETH *(zum Grafen Leicester, den sie während der letzten Rede unverwandt betrachtet hat).*
Erlaubt, Mylord! *(Sie nimmt ihm das blaue Band ab und hängt es dem Bellievre um)*
Bekleidet seine Hoheit
Mit diesem Schmuck, wie ich Euch hier damit

Bekleide und in meines Ordens Pflichten nehme.
Honny soit qui mal y pense! – Es schwinde
Der Argwohn zwischen beiden Nationen,
Und ein vertraulich Band umschlinge fortan
Die Kronen Frankreich und Britannien!

AUBESPINE. Erhabne Königin, dies ist ein Tag
Der Freude! Möcht er's allen sein und möchte
Kein Leidender auf dieser Insel trauern!
Die Gnade glänzt auf deinem Angesicht,
Oh! dass ein Schimmer ihres heitern Lichts
Auf eine unglücksvolle Fürstin fiele,
Die Frankreich und Britannien gleich nahe
Angeht –

ELISABETH. Nicht weiter, Graf! Vermengen wir
Nicht zwei ganz unvereinbare Geschäfte.
Wenn Frankreich ernstlich meinen Bund verlangt,
Muss es auch meine Sorgen mit mir teilen
Und meiner Feinde Freund nicht sein –

AUBESPINE. Unwürdig
In deinen eignen Augen würd es handeln,
Wenn es die Unglückselige, die Glaubens-
Verwandte und die Witwe seines Königs
In diesem Bund vergäße – Schon die Ehre,
Die Menschlichkeit verlangt –

ELISABETH. In diesem Sinne
Weiß ich sein Fürwort nach Gebühr zu schätzen.
Frankreich erfüllt die Freundespflicht, mir wird
Verstattet sein, als Königin zu handeln.
*(Sie neigt sich gegen die französischen Herren, welche sich mit
den übrigen Lords ehrfurchtsvoll entfernen.)*

DRITTER AUFTRITT

Elisabeth. Leicester. Burleigh. Talbot.
(Die Königin setzt sich)

BURLEIGH. Ruhmvolle Königin! Du krönest heut
Die heißen Wünsche deines Volks. Nun erst
Erfreun wir uns der segenvollen Tage,
Die du uns schenkst, da wir nicht zitternd mehr
In eine stürmevolle Zukunft schauen.
Nur eine Sorge kümmert noch dies Land,

Ein Opfer ist's, das alle Stimmen fodern.
Gewähr auch dieses, und der heut'ge Tag
Hat Englands Wohl auf immerdar gegründet.
ELISABETH.
Was wünscht mein Volk noch? Sprecht, Mylord.
BURLEIGH.   Es fodert
Das Haupt der Stuart – Wenn du deinem Volk
Der Freiheit köstliches Geschenk, das teuer
Erworbne Licht der Wahrheit willst versichern,
So muss sie nicht mehr sein – Wenn wir nicht ewig
Für dein kostbares Leben zittern sollen,
So muss die Feindin untergehn! – Du weißt es,
Nicht alle deine Briten denken gleich,
Noch viele heimliche Verehrer zählt
Der röm'sche Götzendienst auf dieser Insel.
Die alle nähren feindliche Gedanken,
Nach dieser Stuart steht ihr Herz, sie sind
Im Bunde mit den lothringischen Brüdern,
Den unversöhnten Feinden deines Namens.
Dir ist von dieser wütenden Partei
Der grimmige Vertilgungskrieg geschworen,
Den man mit falschen Höllenwaffen führt.
Zu Reims, dem Bischofssitz des Kardinals,
Dort ist das Rüsthaus, wo sie Blitze schmieden,
Dort wird der Königsmord gelehrt – Von dort
Geschäftig senden sie nach deiner Insel
Die Missionen aus, entschlossne Schwärmer,
In allerlei Gewand vermummt – Von dort
Ist schon der dritte Mörder ausgegangen,
Und unerschöpflich, ewig neu erzeugen
Verborgne Feinde sich aus diesem Schlunde.
– Und in dem Schloss zu Fotheringhay sitzt
Die Ate dieses ew'gen Kriegs, die mit
Der Liebesfackel dieses Reich entzündet.
Für sie, die schmeichelnd jedem Hoffnung gibt,
Weiht sich die Jugend dem gewissen Tod –
Sie zu befreien, ist die Losung, sie
Auf deinen Thron zu setzen, ist der Zweck.
Denn dies Geschlecht der Lothringer erkennt
Dein heilig Recht nicht an, du heißest ihnen
Nur eine Räuberin des Throns, gekrönt
Vom Glück! Sie waren's, die die Törichte
Verführt, sich Englands Königin zu schreiben.

Kein Friede ist mit ihr und ihrem Stamm!
Du musst den Streich erleiden oder führen.
Ihr Leben ist dein Tod! Ihr Tod dein Leben!
ELISABETH. Mylord! Ein traurig Amt verwaltet Ihr.
  Ich kenne Eures Eifers reinen Trieb,
  Weiß, dass gediegne Weisheit aus Euch redet,
  Doch diese Weisheit, welche Blut befiehlt,
  Ich hasse sie in meiner tiefsten Seele.
  Sinnt einen mildern Rat aus – Edler Lord
  Von Shrewsbury! Sagt Ihr uns Eure Meinung.
TALBOT. Du gabst dem Eifer ein gebührend Lob,
  Der Burleighs treue Brust beseelt – Auch mir,
  Strömt es mir gleich nicht so beredt vom Munde,
  Schlägt in der Brust kein minder treues Herz.
  Mögst du noch lange leben, Königin,
  Die Freude deines Volks zu sein, das Glück
  Des Friedens diesem Reiche zu verlängern.
  So schöne Tage hat dies Eiland nie
  Gesehn, seit eigne Fürsten es regieren.
  Mög es sein Glück mit seinem Ruhme nicht
  Erkaufen! Möge Talbots Auge wenigstens
  Geschlossen sein, wenn dies geschieht!
ELISABETH. Verhüte Gott, dass wir den Ruhm befleckten!
TALBOT. Nun dann, so wirst du auf ein ander Mittel sinnen,
  Dies Reich zu retten – denn die Hinrichtung
  Der Stuart ist ein ungerechtes Mittel.
  Du kannst das Urteil über die nicht sprechen,
  Die dir nicht untertänig ist.
ELISABETH.   So irrt
  Mein Staatsrat und mein Parlament, im Irrtum
  Sind alle Richterhöfe dieses Landes,
  Die mir dies Recht einstimmig zuerkannt –
TALBOT. Nicht Stimmenmehrheit ist des Rechtes Probe,
  England ist nicht die Welt, dein Parlament
  Nicht der Verein der menschlichen Geschlechter.
  Dies heut'ge England ist das künft'ge nicht,
  Wie's das vergangne nicht mehr ist – Wie sich
  Die Neigung anders wendet, also steigt
  Und fällt des Urteils wandelbare Woge.
  Sag nicht, du müssest der Notwendigkeit
  Gehorchen und dem Dringen deines Volks.
  Sobald du willst, in jedem Augenblick
  Kannst du erproben, dass dein Wille frei ist.

Versuch's! Erkläre, dass du Blut verabscheust,
Der Schwester Leben w i l l s t gerettet sehn,
Zeig denen, die dir anders raten wollen,
Die Wahrheit deines königlichen Zorns,
Schnell wirst du die Notwendigkeit verschwinden
Und Recht in Unrecht sich verwandeln sehn.
Du selbst musst richten, du allein. Du kannst dich
Auf dieses unstet schwanke Rohr nicht lehnen.
Der eignen Milde folge du getrost.
Nicht Strenge legte Gott ins weiche Herz
Des Weibes – Und die Stifter dieses Reichs,
Die auch dem Weib die Herrscherzügel gaben,
Sie zeigten an, dass Strenge nicht die Tugend
Der Könige soll sein in diesem Lande.

ELISABETH. Ein warmer Anwalt ist Graf Shrewsbury
Für meine Feindin und des Reichs. Ich ziehe
Die Räte vor, die meine Wohlfahrt lieben.

TALBOT. Man gönnt ihr keinen Anwalt, niemand wagt's,
Zu ihrem Vorteil sprechend, deinem Zorn
Sich bloßzustellen – So vergönne mir,
Dem alten Manne, den am Grabesrand
Kein irdisch Hoffen mehr verführen kann,
Dass ich die Aufgegebene beschütze.
Man soll nicht sagen, dass in deinem Staatsrat
Die Leidenschaft, die Selbstsucht eine Stimme
Gehabt, nur die Barmherzigkeit geschwiegen.
Verbündet hat sich alles wider sie,
Du selber hast ihr Antlitz nie gesehn,
Nichts spricht in deinem Herzen für die Fremde.
– Nicht ihrer Schuld red ich das Wort. Man sagt,
Sie habe den Gemahl ermorden lassen,
Wahr ist's, dass sie den Mörder ehlichte.
Ein schwer Verbrechen! – Aber es geschah
In einer finster unglücksvollen Zeit,
Im Angstgedränge bürgerlichen Kriegs,
Wo sie, die Schwache, sich umrungen sah
Von heftig dringenden Vasallen, sich
Dem Mutvollstärksten in die Arme warf –
Wer weiß, durch welcher Künste Macht besiegt?
Denn ein gebrechlich Wesen ist das Weib.

ELISABETH. Das Weib ist nicht schwach. Es gibt starke Seelen
In dem Geschlecht – Ich will in meinem Beisein
Nichts von der Schwäche des Geschlechtes hören.

TALBOT. Dir war das Unglück eine strenge Schule.
  Nicht seine Freudenseite kehrte dir
  Das Leben zu. Du sahest keinen Thron
  Von ferne, nur das Grab zu deinen Füßen.
  Zu Woodstock war's und in des Towers Nacht,
  Wo dich der gnäd'ge Vater dieses Landes
  Zur ersten Pflicht durch Trübsal auferzog.
  Dort suchte dich der Schmeichler nicht. Früh lernte,
  Vom eiteln Weltgeräusche nicht zerstreut,
  Dein Geist sich sammeln, denkend in sich gehn
  Und dieses Lebens wahre Güter schätzen.
  – Die Arme rettete kein Gott. Ein zartes Kind
  Ward sie verpflanzt nach Frankreich, an den Hof
  Des Leichtsinns, der gedankenlosen Freude.
  Dort in der Feste ew'ger Trunkenheit
  Vernahm sie nie der Wahrheit ernste Stimme.
  Geblendet ward sie von der Laster Glanz
  Und fortgeführt vom Strome des Verderbens.
  Ihr ward der Schönheit eitles Gut zuteil,
  Sie überstrahlte blühend alle Weiber,
  Und durch Gestalt nicht minder als Geburt – –
ELISABETH. Kommt zu Euch selbst, Mylord von Shrewsbury!
  Denkt, dass wir hier im ernsten Rate sitzen.
  Das müssen Reize sondergleichen sein,
  Die einen Greis in solches Feuer setzen.
  – Mylord von Leicester! Ihr allein schweigt still?
  Was ihn beredt macht, bindet's Euch die Zunge?
LEICESTER. Ich schweige für Erstaunen, Königin,
  Dass man dein Ohr mit Schrecknissen erfüllt,
  Dass diese Märchen, die in Londons Gassen
  Den gläub'gen Pöbel ängsten, bis herauf
  In deines Staatsrats heitre Mitte steigen,
  Und weise Männer ernst beschäftigten.
  Verwunderung ergreift mich, ich gesteh's,
  Dass diese länderlose Königin
  Von Schottland, die den eignen kleinen Thron
  Nicht zu behaupten wusste, ihrer eignen
  Vasallen Spott, der Auswurf ihres Landes,
  Dein Schrecken wird auf einmal im Gefängnis!
  – Was, beim Allmächt'gen! machte sie dir furchtbar?
  Dass sie dies Reich in Anspruch nimmt, dass dich
  Die Guisen nicht als Königin erkennen?
  Kann dieser Guisen Widerspruch das Recht

Entkräften, das Geburt dir gab, der Schluss
Der Parlamente dir bestätigte?
Ist sie durch Heinrichs letzten Willen nicht
Stillschweigend abgewiesen, und wird England,
So glücklich im Genuss des neuen Lichts,
Sich der Papistin in die Arme werfen?
Von dir, der angebeteten Monarchin,
Zu Darnleys Mörderin hinüberlaufen?
Was wollen diese ungestümen Menschen,
Die dich noch lebend mit der Erbin quälen,
Dich nicht geschwind genug vermählen können,
Um Staat und Kirche von Gefahr zu retten?
Stehst du nicht blühend da in Jugendkraft,
Welkt jene nicht mit jedem Tag zum Grabe?
Bei Gott! Du wirst, ich hoff's, noch viele Jahre
Auf ihrem Grabe wandeln, ohne dass
Du selber sie hinabzustürzen brauchtest –

BURLEIGH. Lord Leicester hat nicht immer so geurteilt.

LEICESTER. Wahr ist's, ich habe selber meine Stimme
Zu ihrem Tod gegeben im Gericht.
– Im Staatsrat sprech ich anders. Hier ist nicht
Die Rede von dem Recht, nur von dem Vorteil.
Ist's jetzt die Zeit, von ihr Gefahr zu fürchten,
Da Frankreich sie verlässt, ihr einz'ger Schutz,
Da du den Königssohn mit deiner Hand
Beglücken willst, die Hoffnung eines neuen
Regentenstammes diesem Lande blüht?
Wozu sie also töten? Sie ist tot!
Verachtung ist der wahre Tod. Verhüte,
Dass nicht das Mitleid sie ins Leben rufe!
Drum ist mein Rat: Man lasse die Sentenz,
Die ihr das Haupt abspricht, in voller Kraft
Bestehn! Sie lebe – aber unterm Beile
Des Henkers lebe sie, und schnell, wie sich
Ein Arm für sie bewaffnet, fall es nieder.

ELISABETH *(steht auf)*.
Mylords, ich hab nun eure Meinungen
Gehört und sag euch Dank für euren Eifer.
Mit Gottes Beistand, der die Könige
Erleuchtet, will ich eure Gründe prüfen
Und wählen, was das Bessere mir dünkt.

VIERTER AUFTRITT

Die Vorigen. Ritter Paulet mit Mortimern.

ELISABETH. Da kommt Amias Paulet. Edler Sir,
 Was bringt Ihr uns?
PAULET. Glorwürd'ge Majestät!
 Mein Neffe, der ohnlängst von weiten Reisen
 Zurückgekehrt, wirft sich zu deinen Füßen
 Und leistet dir sein jugendlich Gelübde.
 Empfange du es gnadenvoll und lass
 Ihn wachsen in der Sonne deiner Gunst.
MORTIMER *(lässt sich auf ein Knie nieder).*
 Lang lebe meine königliche Frau,
 Und Glück und Ruhm bekröne ihre Stirne!
ELISABETH. Steht auf. Seid mir willkommen, Sir, in England.
 Ihr habt den großen Weg gemacht, habt Frankreich
 Bereist und Rom und Euch zu Reims verweilt.
 Sagt mir denn an, was spinnen unsre Feinde?
MORTIMER. Ein Gott verwirre sie und wende rückwärts
 Auf ihrer eignen Schützen Brust die Pfeile,
 Die gegen meine Königin gesandt sind.
ELISABETH. Saht Ihr den Morgan und den ränkespinnenden
 Bischof von Roße?
MORTIMER. Alle schottische
 Verbannte lernt' ich kennen, die zu Reims
 Anschläge schmieden gegen diese Insel.
 In ihr Vertrauen stahl ich mich, ob ich
 Etwa von ihren Ränken was entdeckte.
PAULET. Geheime Briefe hat man ihm vertraut,
 In Ziffern, für die Königin von Schottland,
 Die er mit treuer Hand uns überliefert.
ELISABETH. Sagt, was sind ihre neuesten Entwürfe?
MORTIMER. Es traf sie alle wie ein Donnerstreich,
 Dass Frankreich sie verlässt, den besten Bund
 Mit England schließt, jetzt richten sie die Hoffnung
 Auf Spanien.
ELISABETH. So schreibt mir Walsingham.
MORTIMER. Auch eine Bulle, die Papst Sixtus jüngst
 Vom Vatikane gegen dich geschleudert,
 Kam eben an zu Reims, als ich's verließ.
 Das nächste Schiff bringt sie nach dieser Insel.
LEICESTER. Vor solchen Waffen zittert England nicht mehr.

BURLEIGH. Sie werden furchtbar in des Schwärmers Hand.
ELISABETH *(Mortimern forschend ansehend).*
   Man gab Euch Schuld, dass Ihr zu Reims die Schulen
   Besucht und Euren Glauben abgeschworen?
MORTIMER. Die Miene gab ich mir, ich leugn' es nicht,
   So weit ging die Begierde, dir zu dienen!
ELISABETH *(zu Paulet, der ihr Papiere überreicht).*
   Was zieht Ihr da hervor?
PAULET.   Es ist ein Schreiben,
   Das dir die Königin von Schottland sendet.
BURLEIGH *(hastig darnach greifend).*
   Gebt mir den Brief.
PAULET *(gibt das Papier der Königin).*
                    Verzeiht, Lord Großschatzmeister!
   In meiner Königin selbsteigne Hand,
   Befahl sie mir, den Brief zu übergeben.
   Sie sagt mir stets, ich sei ihr Feind. Ich bin
   Nur ihrer Laster Feind, was sich verträgt
   Mit meiner Pflicht, mag ich ihr gern erweisen. *(Die Königin hat den Brief genommen. Während sie ihn liest, sprechen Mortimer und Leicester einige Worte heimlich miteinander)*
BURLEIGH *(zu Paulet).*
   Was kann der Brief enthalten? Eitle Klagen,
   Mit denen man das mitleidsvolle Herz
   Der Königin verschonen soll.
PAULET.   Was er
   Enthält, hat sie mir nicht verhehlt. Sie bittet
   Um die Vergünstigung, das Angesicht
   Der Königin zu sehen.
BURLEIGH *(schnell).*   Nimmermehr!
TALBOT. Warum nicht? Sie erfleht nichts Ungerechtes.
BURLEIGH. Die Gunst des königlichen Angesichts
   Hat sie verwirkt, die Mordanstifterin,
   Die nach dem Blut der Königin gedürstet.
   Wer's treu mit seiner Fürstin meint, der kann
   Den falsch verräterischen Rat nicht geben.
TALBOT. Wenn die Monarchin sie beglücken will,
   Wollt Ihr der Gnade sanfte Regung hindern?
BURLEIGH. Sie ist verurteilt! Unterm Beile liegt
   Ihr Haupt. Unwürdig ist's der Majestät,
   Das Haupt zu sehen, das dem Tod geweiht ist.
   Das Urteil kann nicht mehr vollzogen werden,
   Wenn sich die Königin ihr genahet hat,

Denn Gnade bringt die königliche Nähe –
ELISABETH
(nachdem sie den Brief gelesen, ihre Tränen trocknend).
Was ist der Mensch! Was ist das Glück der Erde!
Wie weit ist diese Königin gebracht,
Die mit so stolzen Hoffnungen begann,
Die auf den ältsten Thron der Christenheit
Berufen worden, die in ihrem Sinn
Drei Kronen schon aufs Haupt zu setzen meinte!
Welch andre Sprache führt sie jetzt als damals,
Da sie das Wappen Englands angenommen
Und von den Schmeichlern ihres Hofs sich Königin
Der zwei britann'schen Inseln nennen ließ!
– Verzeiht, Mylords, es schneidet mir ins Herz,
Wehmut ergreift mich und die Seele blutet,
Dass Irdisches nicht fester steht, das Schicksal
Der Menschheit, das entsetzliche, so nahe
An meinem eignen Haupt vorüberzieht.
TALBOT. O Königin! Dein Herz hat Gott gerührt,
Gehorche dieser himmlichen Bewegung!
Schwer büßte sie fürwahr die schwere Schuld,
Und Zeit ist's, dass die harte Prüfung ende!
Reich ihr die Hand, der tief Gefallenen,
Wie eines Engels Lichterscheinung steige
In ihres Kerkers Gräbernacht hinab –
BURLEIGH. Sei standhaft, große Königin. Lass nicht
Ein lobenswürdig menschliches Gefühl
Dich irreführen. Raube dir nicht selbst
Die Freiheit, das Notwendige zu tun.
Du kannst sie nicht begnadigen, nicht retten,
So lade nicht auf dich verhassten Tadel,
Dass du mit grausam höhnendem Triumph
Am Anblick deines Opfers dich geweidet.
LEICESTER. Lasst uns in unsern Schranken bleiben, Lords.
Die Königin ist weise, sie bedarf
Nicht unsers Rats, das Würdigste zu wählen.
Die Unterredung beider Königinnen
Hat nichts gemein mit des Gerichtes Gang.
Englands Gesetz, nicht der Monarchin Wille,
Verurteilt die Maria. Würdig ist's
Der großen Seele der Elisabeth,
Dass sie des Herzens schönem Triebe folge,
Wenn das Gesetz den strengen Lauf behält.

ELISABETH. Geht, meine Lords. Wir werden Mittel finden,
Was Gnade fodert, was Notwendigkeit
Uns auferlegt, geziemend zu vereinen.
Jetzt – tretet ab! *(Die Lords gehen. An der Türe ruft sie den Mortimer zurück)*
   Sir Mortimer! Ein Wort!

FÜNFTER AUFTRITT

Elisabeth. Mortimer.

ELISABETH *(nachdem sie ihn einige Augenblicke forschend mit den Augen gemessen).*
Ihr zeigtet einen kecken Mut und seltne
Beherrschung Eurer selbst für Eure Jahre.
Wer schon so früh der Täuschung schwere Kunst
Ausübte, der ist mündig vor der Zeit,
Und er verkürzt sich seine Prüfungsjahre.
– Auf eine große Bahn ruft Euch das Schicksal,
Ich prophezei es Euch, und mein Orakel
Kann ich, zu Eurem Glücke! selbst vollziehn.
MORTIMER. Erhabene Gebieterin, was ich
Vermag und bin, ist deinem Dienst gewidmet.
ELISABETH. Ihr habt die Feinde Englands kennenlernen.
Ihr Hass ist unversöhnlich gegen mich,
Und unerschöpflich ihre Blutentwürfe.
Bis diesen Tag zwar schützte mich die Allmacht,
Doch ewig wankt die Kron auf meinem Haupt,
Solang sie lebt, die ihrem Schwärmereifer
Den Vorwand leiht und ihre Hoffnung nährt.
MORTIMER. Sie lebt nicht mehr, sobald du es gebietest.
ELISABETH. Ach, Sir! Ich glaubte mich am Ziele schon
Zu sehn und bin nicht weiter als am Anfang.
Ich wollte die Gesetze handeln lassen,
Die eigne Hand vom Blute rein behalten.
Das Urteil ist gesprochen. Was gewinn ich?
Es muss vollzogen werden, Mortimer!
Und ich muss die Vollziehung anbefehlen.
Mich immer trifft der Hass der Tat. Ich muss
Sie eingestehn und kann den Schein nicht retten.
Das ist das Schlimmste!
MORTIMER.   Was bekümmert dich

Der böse Schein, bei der gerechten Sache?
ELISABETH.
Ihr kennt die Welt nicht, Ritter. Was man scheint,
Hat jedermann zum Richter, was man ist, hat keinen.
Von meinem Rechte überzeug ich niemand,
So muss ich Sorge tragen, dass mein Anteil
An ihrem Tod in ew'gem Zweifel bleibe.
Bei solchen Taten doppelter Gestalt
Gibt's keinen Schutz als in der Dunkelheit.
Der schlimmste Schritt ist, den man eingesteht,
Was man nicht aufgibt, hat man nie verloren.
MORTIMER *(ausforschend)*.
Dann wäre wohl das Beste –
ELISABETH *(schnell)*.   Freilich wär's
Das Beste – O mein guter Engel spricht
Aus Euch. Fahrt fort, vollendet, werter Sir!
Euch ist es Ernst, Ihr dringet auf den Grund,
Seid ein ganz andrer Mann als Euer Oheim –
MORTIMER *(betroffen)*.
Entdecktest du dem Ritter deinen Wunsch?
ELISABETH. Mich reuet, dass ich's tat.
MORTIMER.   Entschuldige
Den alten Mann. Die Jahre machen ihn
Bedenklich. Solche Wagestücke fodern
Den kecken Mut der Jugend –
ELISABETH *(schnell)*.   Darf ich Euch –
MORTIMER. Die Hand will ich dir leihen, rette du
Den Namen, wie du kannst –
ELISABETH.   Ja, Sir! Wenn Ihr
Mich eines Morgens mit der Botschaft wecktet:
Maria Stuart, deine blut'ge Feindin,
Ist heute Nacht verschieden!
MORTIMER.   Zählt auf mich.
ELISABETH.
Wann wird mein Haupt sich ruhig schlafen legen?
MORTIMER. Der nächste Neumond ende deine Furcht.
ELISABETH.
– Gehabt Euch wohl, Sir! Lasst es Euch nicht Leid tun,
Dass meine Dankbarkeit den Flor der Nacht
Entlehnen muss – Das Schweigen ist der Gott
Der Glücklichen – die engsten Bande sind's,
Die zärtesten, die das Geheimnis stiftet! *(Sie geht ab)*

SECHSTER AUFTRITT

MORTIMER *(allein)*.
   Geh, falsche, gleisnerische Königin!
   Wie du die Welt, so täusch ich dich. Recht ist's,
   Dich zu verraten, eine gute Tat!
1635 Seh ich aus wie ein Mörder? Lasest du
   Ruchlose Fertigkeit auf meiner Stirn?
   Trau nur auf meinen Arm und halte deinen
   Zurück, gib dir den frommen Heuchelschein
   Der Gnade vor der Welt, indessen du
1640 Geheim auf meine Mörderhilfe hoffst,
   So werden wir zur Rettung Frist gewinnen!
   Erhöhen willst du mich – zeigst mir von ferne
   Bedeutend einen kostbarn Preis – Und wärst
   Du selbst der Preis und deine Frauengunst!
1645 Wer bist du, Ärmste, und was kannst du geben?
   Mich locket nicht des eiteln Ruhmes Geiz!
   Bei ihr nur in des Lebens Reiz –
   Um sie, in ew'gem Freudenchore, schweben
   Der Anmut Götter und der Jugendlust,
1650 Der Glück der Himmel ist an ihrer Brust,
   Du hast nur tote Güter zu vergeben!
   Das eine Höchste, was das Leben schmückt,
   Wenn sich ein Herz, entzückend und entzückt,
   Dem Herzen schenkt in süßem Selbstvergessen,
1655 Die Frauenkrone hast du nie besessen,
   Nie hast du liebend einen Mann beglückt!
   – Ich muss den Lord erwarten, ihren Brief
   Ihm übergeben. Ein verhasster Auftrag!
   Ich habe zu dem Höflinge kein Herz,
1660 Ich selber kann sie retten, ich allein,
   Gefahr und Ruhm und auch der Preis sei mein!
   (Indem er gehen will, begegnet ihm Paulet.)

SIEBENTER AUFTRITT

Mortimer, Paulet.

PAULET. Was sagte dir die Königin?
MORTIMER.   Nichts, Sir.
   Nichts – von Bedeutung.

PAULET *(fixiert ihn mit ernstem Blick).*
                          Höre, Mortimer!
  Es ist ein schlüpfrig glatter Grund, auf den
  Du dich begeben. Lockend ist die Gunst   1665
  Der Könige, nach Ehre geizt die Jugend.
  – Lass dich den Ehrgeiz nicht verführen!
MORTIMER.
  Wart Ihr's nicht selbst, der an den Hof mich brachte?
PAULET. Ich wünschte, dass ich's nicht getan. Am Hofe
  Ward u n s e r s Hauses Ehre nicht gesammelt.   1670
  Steh fest, mein Neffe. Kaufe nicht zu teuer!
  Verletze dein Gewissen nicht!
MORTIMER. Was fällt Euch ein? Was für Besorgnisse!
PAULET. Wie groß dich auch die Königin zu machen
  Verspricht – Trau ihrer Schmeichelrede nicht.   1675
  Verleugnen wird sie dich, wenn du gehorcht,
  Um ihren eignen Namen reinzuwaschen,
  Die Bluttat rächen, die sie selbst befahl.
MORTIMER. Die Bluttat sagt Ihr –
PAULET.   Weg mit der Verstellung!
  Ich weiß, was dir die Königin angesonnen,   1680
  Sie hofft, dass deine ruhmbegier'ge Jugend
  Willfähr'ger sein wird als mein starres Alter.
  Hast du ihr zugesagt? Hast du?
MORTIMER.   Mein Oheim!
PAULET. Wenn du's getan hast, so verfluch ich dich,
  Und ich verwerfe –   1685
LEICESTER *(kommt).* Werter Sir, erlaubt
  Ein Wort mit Eurem Neffen. Die Monarchin
  Ist gnadenvoll gesinnt für ihn, sie will,
  Dass man ihm die Person der Lady Stuart
  Uneingeschränkt vertraue – Sie verlässt sich
  Auf seine Redlichkeit –   1690
PAULET.   Verlässt sich – Gut!
LEICESTER. Was sagt Ihr, Sir?
PAULET.   Die Königin verlässt sich
  Auf ihn, und ich, Mylord, verlasse mich
  Auf mich und meine beiden offnen Augen. *(Er geht ab.)*

ACHTER AUFTRITT

Leicester. Mortimer.

LEICESTER *(verwundert)*. Was wandelte den Ritter an?
MORTIMER. Ich weiß es nicht – Das unerwartete
   Vertrauen, das die Königin mir schenkt –
LEICESTER *(ihn forschend ansehend).*
   Verdient Ihr, Ritter, dass man Euch vertraut?
MORTIMER *(ebenso).*
   Die Frage tu ich Euch, Mylord von Leicester.
LEICESTER. Ihr hattet mir was in geheim zu sagen.
MORTIMER. Versichert mich erst, dass ich's wagen darf.
LEICESTER. Wer gibt mir die Versicherung für Euch?
   – Lasst Euch mein Misstraun nicht beleidigen!
   Ich seh' Euch zweierlei Gesichter zeigen
   An diesem Hofe – Eins darunter ist
   Notwendig falsch, doch welches ist das wahre?
MORTIMER. Es geht mir ebenso mit Euch, Graf Leicester.
LEICESTER. Wer soll nun des Vertrauens Anfang machen?
MORTIMER. Wer das Geringere zu wagen hat.
LEICESTER. Nun! Der seid Ihr!
MORTIMER. Ihr seid es! Euer Zeugnis,
   Des vielbedeutenden, gewalt'gen Lords,
   Kann mich zu Boden schlagen, meins vermag
   Nichts gegen Euren Rang und Eure Gunst.
LEICESTER. Ihr irrt Euch, Sir. In allem andern bin ich
   Hier mächtig, nur in diesem zarten Punkt,
   Den ich jetzt Eurer Treu preisgeben soll,
   Bin ich der schwächste Mann an diesem Hof,
   Und ein verächtlich Zeugnis kann mich stürzen.
MORTIMER. Wenn sich der allvermögende Lord Leicester
   So tief zu mir herunterlässt, ein solch
   Bekenntnis mir zu tun, so darf ich wohl
   Ein wenig höher denken von mir selbst
   Und ihm in Großmut ein Exempel geben.
LEICESTER. Geht mir voran im Zutraun, ich will folgen.
MORTIMER *(den Brief schnell hervorziehend).*
   Dies sendet Euch die Königin von Schottland.
LEICESTER *(schrickt zusammen und greift hastig darnach).*
   Sprecht leise, Sir – Was seh ich! Ach! Es ist
   Ihr Bild! *(Küsst es und betrachtet es mit stummem Entzücken)*

MORTIMER *(der ihn während des Lesens scharf beobachtet).*
    Mylord, nun glaub ich Euch!
LEICESTER *(nachdem er den Brief schnell durchlaufen).*
    Sir Mortimer! Ihr wisst des Briefes Inhalt?
MORTIMER. Nichts weiß ich.
LEICESTER.   Nun, Sie hat Euch ohne Zweifel
    Vertraut –
MORTIMER. Sie hat mir nichts vertraut. Ihr würdet
    Dies Rätsel mir erklären, sagte sie.   1730
    Ein Rätsel ist es mir, dass Graf von Leicester,
    Der Günstling der Elisabeth, Mariens
    Erklärter Feind und ihrer Richter einer,
    Der Mann sein soll, von dem die Königin
    In ihrem Unglück Rettung hofft – Und dennoch   1735
    Muss dem so sein, denn Eure Augen sprechen
    Zu deutlich aus, was Ihr für sie empfindet.
LEICESTER. Entdeckt mir selbst erst, wie es kommt, dass ihr
    Den feur'gen Anteil nehmt an ihrem Schicksal,
    Und was Euch ihr Vertraun erwarb.   1740
MORTIMER.   Mylord,
    Das kann ich Euch mit wenigem erklären.
    Ich habe meinen Glauben abgeschworen
    Zu Rom und steh im Bündnis mit den Guisen.
    Ein Brief des Erzbischofs zu Reims hat mich
    Beglaubigt bei der Königin von Schottland.   1745
LEICESTER. Ich weiß von Eurer Glaubensänderung,
    Sie ist's, die mein Vertrauen zu Euch weckte.
    Gebt mir die Hand. Verzeiht mir meinen Zweifel.
    Ich kann der Vorsicht nicht zu viel gebrauchen,
    Denn Walsingham und Burleigh hassen mich,   1750
    Ich weiß, dass sie mir lauernd Netze stellen.
    Ihr konntet ihr Geschöpf und Werkzeug sein,
    Mich in das Garn zu ziehn –
MORTIMER.   Wie kleine Schritte
    Geht ein so großer Lord an diesem Hof!
    Graf! ich beklag Euch!   1755
LEICESTER.   Freudig werf ich mich
    An die vertraute Freundesbrust, wo ich
    Des langen Zwangs mich endlich kann entladen.
    Ihr seid verwundert, Sir, dass ich so schnell
    Das Herz geändert gegen die Maria.
    Zwar in der Tat hasst' ich sie nie – der Zwang   1760
    Der Zeiten machte mich zu ihrem Gegner.

Sie war mir zugedacht seit langen Jahren,
Ihr wisst's, eh sie die Hand dem Darnley gab,
Als noch der Glanz der Hoheit sie umlachte.
Kalt stieß ich damals dieses Glück von mir,
Jetzt im Gefängnis, an des Todes Pforten
Such ich sie auf, und mit Gefahr des Lebens.
MORTIMER. Das heißt großmütig handeln!
LEICESTER. – Die Gestalt
Der Dinge, Sir, hat sich indes verändert.
Mein Ehrgeiz war es, der mich gegen Jugend
Und Schönheit fühllos machte. Damals hielt ich
Mariens Hand für mich zu klein, ich hoffte
Auf den Besitz der Königin von England.
MORTIMER. Es ist bekannt, dass sie Euch allen Männern
Vorzog –
LEICESTER. So schien es, edler Sir – und nun, nach zehn
Verlornen Jahren unverdrossnen Werbens,
Verhassten Zwangs – O Sir, mein Herz geht auf!
Ich muss des langen Unmuts mich entladen –
Man preist mich glücklich – wüsste man, was es
Für Ketten sind, um die man mich beneidet –
Nachdem ich zehen bittre Jahre lang
Dem Götzen ihrer Eitelkeit geopfert,
Mich jedem Wechsel ihrer Sultanslaunen
Mit Sklavendemut unterwarf, das Spielzeug
Des kleinen grillenhaften Eigensinns,
Geliebkost jetzt von ihrer Zärtlichkeit
Und jetzt mit sprödem Stolz zurückgestoßen,
Von ihrer Gunst und Strenge gleich gepeinigt,
Wie ein Gefangener vom Argusblick
Der Eifersucht gehütet, ins Verhör
Genommen wie ein Knabe, wie ein Diener
Gescholten – O die Sprache hat kein Wort
Für diese Hölle!
MORTIMER. Ich beklag Euch, Graf.
LEICESTER.
Täuscht mich am Ziel der Preis! Ein andrer kommt,
Die Frucht des teuren Werbens mir zu rauben.
An einen jungen blühenden Gemahl
Verlier ich meine lang besessnen Rechte,
Heruntersteigen soll ich von der Bühne,
Wo ich so lange als der Erste glänzte.
Nicht ihre Hand allein, auch ihre Gunst

Droht mir der neue Ankömmling zu rauben.
Sie ist ein Weib, und er ist liebenswert.
MORTIMER. Er ist Kathrinens Sohn. In guter Schule
Hat er des Schmeichelns Künste ausgelernt.
LEICESTER. So stürzen meine Hoffnungen – ich suche 1805
In diesem Schiffbruch meines Glücks ein Brett
Zu fassen – und mein Auge wendet sich
Der ersten schönen Hoffnung wieder zu.
Mariens Bild, in ihrer Reize Glanz,
Stand neu vor mir, Schönheit und Jugend traten 1810
In ihre vollen Rechte wieder ein,
Nicht kalter Ehrgeiz mehr – das Herz verglich,
Und ich empfand, welch Kleinod ich verloren.
Mit Schrecken seh ich sie in tiefes Elend
Herabgestürzt, gestürzt durch mein Verschulden. 1815
Da wird in mir die Hoffnung wach, ob ich
Sie jetzt noch retten könnte und besitzen.
Durch eine treue Hand gelingt es mir,
Ihr mein verändert Herz zu offenbaren,
Und dieser Brief, den Ihr mir überbracht, 1820
Versichert mir, dass sie verzeiht, sich mir
Zum Preise schenken will, wenn ich sie rette.
MORTIMER. Ihr tatet aber nichts zu ihrer Rettung!
Ihr ließt geschehn, dass sie verurteilt wurde,
Gabt Eure Stimme selbst zu ihrem Tod! 1825
Ein Wunder muss geschehn – Der Wahrheit Licht
Muss mich, den Neffen ihres Hüters, rühren.
Im Vatikan zu Rom muss ihr der Himmel
Den unverhofften Retter zubereiten,
Sonst fand sie nicht einmal den Weg zu Euch! 1830
LEICESTER. Ach, Sir, es hat mir Qualen g'nug gekostet!
Um selbe Zeit ward sie von Talbots Schloss
Nach Fotheringhay weggeführt, der strengen
Gewahrsam Eures Oheims anvertraut.
Gehemmt ward jeder Weg zu ihr, ich musste 1835
Fortfahren vor der Welt, sie zu verfolgen.
Doch denket nicht, dass ich sie leidend hätte
Zum Tode gehen lassen! Nein, ich hoffte,
Und hoffe noch, das Äußerste zu hindern,
Bis sich ein Mittel zeigt, sie zu befrein. 1840
MORTIMER. Das ist gefunden – Leicester, Euer edles
Vertraun verdient Erwiderung. Ich will sie
Befreien, darum bin ich hier, die Anstalt

Ist schon getroffen, Euer mächt'ger Beistand
1845 Versichert uns den glücklichen Erfolg.
LEICESTER.
Was sagt Ihr? Ihr erschreckt mich. Wie? Ihr wolltet –
MORTIMER. Gewaltsam auftun will ich ihren Kerker,
Ich hab Gefährten, alles ist bereit –
LEICESTER. Ihr habt Mitwisser und Vertraute! Weh mir!
1850 In welches Wagnis reißt Ihr mich hinein!
Und diese wissen auch um mein Geheimnis?
MORTIMER.
Sorgt nicht. Der Plan ward ohne Euch entworfen,
Ohn' Euch wär er vollstreckt, bestünde sie
Nicht drauf, Euch ihre Rettung zu verdanken.
LEICESTER.
1855 So könnt Ihr mich für ganz gewiss versichern,
Dass in dem Bund mein Name nicht genannt ist?
MORTIMER.
Verlasst Euch drauf! Wie? So bedenklich, Graf,
Bei einer Botschaft, die Euch Hülfe bringt!
Ihr wollt die Stuart retten und besitzen,
1860 Ihr findet Freunde, plötzlich, unerwartet,
Vom Himmel fallen Euch die nächsten Mittel –
Doch zeigt Ihr mehr Verlegenheit als Freude?
LEICESTER. Es ist nichts mit Gewalt. Das Wagestück
Ist zu gefährlich.
MORTIMER.   Auch das Säumen ist's!
1865 LEICESTER. Ich sag Euch, Ritter, es ist nicht zu wagen.
MORTIMER *(bitter)*.
Nein, nicht für Euch, der sie besitzen will!
Wir wollen sie bloß retten und sind nicht so
Bedenklich –
LEICESTER.   Junger Mann, Ihr seid zu rasch
In so gefährlich dornenvoller Sache.
1870 MORTIMER. Ihr – sehr bedacht in solchem Fall der Ehre.
LEICESTER. Ich seh die Netze, die uns rings umgeben.
MORTIMER. Ich fühle Mut, sie alle zu durchreißen.
LEICESTER. Tollkühnheit, Raserei ist dieser Mut.
MORTIMER. Nicht Tapferkeit ist diese Klugheit, Lord.
1875 LEICESTER. Euch lüstet's wohl, wie Babington zu enden?
MORTIMER. Euch nicht, des Norfolks Großmut nachzuahmen.
LEICESTER. Norfolk hat seine Braut nicht heimgeführt.
MORTIMER. Er hat bewiesen, dass er's würdig war.
LEICESTER. Wenn wir verderben, reißen wir sie nach.

MORTIMER. Wenn wir uns schonen, wird sie nicht gerettet.
LEICESTER. Ihr überlegt nicht, hört nicht, werdet alles
  Mit heftig blindem Ungestüm zerstören,
  Was auf so guten Weg geleitet war.
MORTIMER. Wohl auf den guten Weg, den Ihr gebahnt?
  Was habt Ihr denn getan, um sie zu retten?
  – Und wie? Wenn ich nun Bube g'nug gewesen,
  Sie zu ermorden, wie die Königin
  Mir anbefahl, wie sie zu dieser Stunde
  Von mir erwartet – Nennt mir doch die Anstalt,
  Die Ihr gemacht, ihr Leben zu erhalten.
LEICESTER *(erstaunt)*.
  Gab Euch die Königin diesen Blutbefehl?
MORTIMER. Sie irrte sich in mir, wie sich Maria
  In Euch.
LEICESTER. Und Ihr habt zugesagt? Habt Ihr?
MORTIMER. Damit sie andre Hände nicht erkaufe,
  Bot ich die meinen an.
LEICESTER.   Ihr tatet wohl.
  Dies kann uns Raum verschaffen. Sie verlässt sich
  Auf Euren blut'gen Dienst, das Todesurteil
  Bleibt unvollstreckt, und wir gewinnen Zeit –
MORTIMER *(ungeduldig)*. Nein, wir verlieren Zeit!
LEICESTER.   Sie zählt auf Euch,
  So minder wird sie Anstand nehmen, sich
  Den Schein der Gnade vor der Welt zu geben.
  Vielleicht, dass ich durch List sie überrede,
  Das Angesicht der Gegnerin zu sehn,
  Und dieser Schritt muss ihr die Hände binden.
  Burleigh hat Recht. Das Urteil kann nicht mehr
  Vollzogen werden, wenn sie sie gesehn.
  – Ja, ich versuch es, alles biet ich auf –
MORTIMER.
  Und was erreicht Ihr dadurch? Wenn sie sich
  In mir getäuscht sieht, wenn Maria fortfährt
  Zu leben – Ist nicht alles wie zuvor?
  Frei wird sie niemals! Auch das Mildeste,
  Was kommen kann, ist ewiges Gefängnis.
  Mit einer kühnen Tat müsst Ihr doch enden,
  Warum wollt Ihr nicht gleich damit beginnen?
  In Euren Händen ist die Macht, Ihr bringt
  Ein Heer zusammen, wenn Ihr nur den Adel
  Auf Euren vielen Schlössern waffnen wollt!

Maria hat noch viel verborgne Freunde,
Der Howard und der Percy edle Häuser,
1920 Ob ihre Häupter gleich gestürzt, sind noch
An Helden reich, sie harren nur darauf,
Dass ein gewalt'ger Lord das Beispiel gebe!
Weg mit Verstellung! Handelt öffentlich!
Verteidigt als ein Ritter die Geliebte,
1925 Kämpft einen edeln Kampf um sie. Ihr seid
Herr der Person der Königin von England,
Sobald Ihr wollt. Lockt sie auf Eure Schlösser,
Sie ist Euch oft dahin gefolgt. Dort zeigt ihr
Den Mann! Sprecht als Gebieter! Haltet sie
1930 Verwahrt, bis sie die Stuart freigegeben!
LEICESTER. Ich staune, ich entsetze mich – Wohin
Reißt Euch der Schwindel? – Kennt Ihr diesen Boden?
Wisst Ihr, wie's steht an diesem Hof, wie eng
Dies Frauenreich die Geister hat gebunden?
1935 Sucht nach dem Heldengeist, der ehmals wohl
In diesem Land sich regte – Unterworfen
Ist alles, unterm Schlüssel eines Weibes,
Und jedes Mutes Federn abgespannt.
Folgt meiner Leitung. Wagt nichts unbedachtsam.
1940 – Ich höre kommen, geht.
MORTIMER. Maria hofft!
Kehr ich mit leerem Trost zu ihr zurück?
LEICESTER. Bringt ihr die Schwüre meiner ew'gen Liebe!
MORTIMER.
Bringt ihr die selbst! Zum Werkzeug ihrer Rettung
Bot ich mich an, nicht Euch zum Liebesboten! *(Er geht ab)*

NEUNTER AUFTRITT

Elisabeth. Leicester.

ELISABETH.
1945 Wer ging da von Euch weg? Ich hörte sprechen.
LEICESTER *(sich auf ihre Rede schnell und erschrocken umwendend)*. Es war Sir Mortimer.
ELISABETH. Was ist Euch, Lord?
So ganz betreten?
LEICESTER *(fasst sich)*. – Über deinen Anblick!
Ich habe dich so reizend nie gesehn,

Geblendet steh ich da vor deiner Schönheit.
– Ach!

ELISABETH. Warum seufzt Ihr?

LEICESTER. Hab ich keinen Grund
Zu seufzen? Da ich deinen Reiz betrachte,
Erneut sich mir der namenlose Schmerz
Des drohenden Verlustes.

ELISABETH. Was verliert Ihr?

LEICESTER. Dein Herz, dein liebenswürdig Selbst verlier ich.
Bald wirst du in den jugendlichen Armen
Des feurigen Gemahls dich glücklich fühlen,
Und ungeteilt wird er dein Herz besitzen.
Er ist von königlichem Blut, das bin
Ich nicht, doch Trotz sei aller Welt geboten,
Ob einer lebt auf diesem Erdenrund,
Der mehr Anbetung für dich fühlt als ich.
Der Duc von Anjou hat dich nie gesehn.
Nur deinen Ruhm und Schimmer kann er lieben.
Ich liebe dich. Wärst du die ärmste Hirtin,
Ich als der größte Fürst der Welt geboren,
Zu deinem Stand würd ich heruntersteigen,
Mein Diadem zu deinen Füßen legen.

ELISABETH.
Beklag mich, Dudley, schilt mich nicht – Ich darf ja
Mein Herz nicht fragen. Ach! das hätte anders
Gewählt. Und wie beneid ich andre Weiber,
Die das erhöhen dürfen, was sie lieben.
So glücklich bin ich nicht, dass ich dem Manne,
Der mir vor allen teuer ist, die Krone
Aufsetzen kann! – Der Stuart ward's vergönnt,
Die Hand nach ihrer Neigung zu verschenken;
Die hat sich jegliches erlaubt, sie hat
Den vollen Kelch der Freuden ausgetrunken.

LEICESTER.
Jetzt trinkt sie auch den bittern Kelch des Leidens.

ELISABETH. Sie hat der Menschen Urteil nichts geachtet.
Leicht wurd' es ihr zu leben, nimmer lud sie
Das Joch auf sich, dem ich mich unterwarf.
Hätt' ich doch auch Ansprüche machen können,
Des Lebens mich, der Erde Lust zu freun,
Doch zog ich strenge Königspflichten vor,
Und doch gewann sie aller Männer Gunst,
Weil sie sich nur befliss, ein Weib zu sein,

Und um sie buhlt die Jugend und das Alter.
So sind die Männer. Lüstlinge sind alle!
Dem Leichtsinn eilen sie, der Freude zu
1990 Und schätzen nichts, was sie verehren müssen.
Verjüngte sich nicht dieser Talbot selbst,
Als er auf ihren Reiz zu reden kam!
LEICESTER. Vergib es ihm. Er war ihr Wächter einst,
Die List'ge hat mit Schmeicheln ihn betört.
ELISABETH.
1995 Und ist's denn wirklich wahr, dass sie so schön ist?
So oft musst' ich die Larve rühmen hören,
Wohl möcht ich wissen, was zu glauben ist.
Gemälde schmeicheln, Schilderungen lügen,
Nur meinen eignen Augen würd ich traun.
2000 – Was schaut Ihr mich so seltsam an?
LEICESTER.   Ich stellte
Dich in Gedanken neben die Maria.
– Die Freude wünscht ich mir, ich berg es nicht,
Wenn es ganz in geheim geschehen könnte,
Der Stuart gegenüber dich zu sehn!
2005 Dann solltest du erst deines ganzen Siegs
Genießen! Die Beschämung gönnt ich ihr,
Dass sie mit eignen Augen – denn der Neid
Hat scharfe Augen – überzeugt sich sähe,
Wie sehr sie auch an Adel der Gestalt
2010 Von dir besiegt wird, der sie so unendlich
In jeder andern würd'gen Tugend weicht.
ELISABETH. Sie ist die Jüngere an Jahren.
LEICESTER.   Jünger!
Man sieht's ihr nicht an. Freilich ihre Leiden!
Sie mag wohl vor der Zeit gealtert haben.
2015 Ja, und was ihre Kränkung bittrer machte,
Das wäre, dich als Braut zu sehn! Sie hat
Des Lebens schöne Hoffnung hinter sich,
Dich sähe sie dem Glück entgegenschreiten!
Und als die Braut des Königssohns von Frankreich,
2020 Da sie sich stets so viel gewusst, so stolz
Getan mit der französischen Vermählung,
Noch jetzt auf Frankreichs mächt'ge Hilfe pocht!
ELISABETH *(nachlässig hinwerfend).*
Man peinigt mich ja sie zu sehn.
LEICESTER *(lebhaft).*   Sie fodert's
Als eine Gunst, gewähr es ihr als Strafe!

Du kannst sie auf das Blutgerüste führen, 2025
Es wird sie minder peinigen, als sich
Von deinen Reizen ausgelöscht zu sehn.
Dadurch ermordest du sie, wie sie dich
Ermorden wollte – Wenn sie deine Schönheit
Erblickt, durch Ehrbarkeit bewacht, in Glorie 2030
Gestellt durch einen unbefleckten Tugendruf,
Den sie, leichtsinnig buhlend, von sich warf,
Erhoben durch der Krone Glanz, und jetzt
Durch zarte Bräutlichkeit geschmückt – dann hat
Die Stunde der Vernichtung ihr geschlagen. 2035
Ja – wenn ich jetzt die Augen auf dich werfe –
Nie warst du, nie zu einem Sieg der Schönheit
Gerüsteter als eben jetzt – Mich selbst
Hast du umstrahlt wie eine Lichterscheinung,
Als du vorhin ins Zimmer tratest – Wie? 2040
Wenn du gleich jetzt, jetzt wie du bist, hinträtest
Vor sie, du findest keine schönre Stunde –
ELISABETH.
Jetzt – Nein – Nein – Jetzt nicht, Leicester – Nein, das muss ich
Erst wohl bedenken – mich mit Burleigh –
LEICESTER *(lebhaft einfallend).* Burleigh!
Der denkt allein auf deinen Staatsvorteil, 2045
Auch deine Weiblichkeit hat ihre Rechte,
Der zarte Punkt gehört vor d e i n Gericht,
Nicht vor des Staatsmanns – ja auch Staatskunst will es,
Dass du sie siehst, die öffentliche Meinung
Durch eine Tat der Großmut dir gewinnest! 2050
Magst du nachher dich der verhassten Feindin,
Auf welche Weise dir's gefällt, entladen.
ELISABETH. Nicht wohlanständig wär mir's, die Verwandte
Im Mangel und in Schmach zu sehn. Man sagt,
Dass sie nicht königlich umgeben sei, 2055
Vorwerfend wär mir ihres Mangels Anblick.
LEICESTER. Nicht ihrer Schwelle brauchst du dich zu nahn.
Hör meinen Rat. Der Zufall hat es eben
Nach Wunsch gefügt. Heut ist das große Jagen,
An Fotheringhay führt der Weg vorbei, 2060
Dort kann die Stuart sich im Park ergehn,
Du kommst ganz wie von ohngefähr dahin,
Es darf nichts als vorherbedacht erscheinen,
Und wenn es dir zuwider, redest du
Sie gar nicht an – 2065

ELISABETH.   Begeh ich eine Torheit,
So ist es Eure, Leicester, nicht die meine.
Ich will Euch heute keinen Wunsch versagen,
Weil ich von meinen Untertanen allen
Euch heut am wehesten getan. *(Ihn zärtlich ansehend)*
Sei's eine Grille nur von Euch. Dadurch
Gibt Neigung sich ja kund, dass sie bewilligt
Aus freier Gunst, was sie auch nicht gebilligt.
(Leicester stürzt zu ihren Füßen, der Vorhang fällt.)

DRITTER AUFZUG

Gegend in einem Park.
Vorn mit Bäumen besetzt, hinten eine weite Aussicht.

ERSTER AUFTRITT

*Maria tritt in schnellem Lauf hinter Bäumen hervor.
Hanna Kennedy folgt langsam.*

KENNEDY. Ihr eilet ja, als wenn Ihr Flügel hättet,
  So kann ich Euch nicht folgen, wartet doch!
MARIA. Lass mich der neuen Freiheit genießen, 2075
  Lass mich ein Kind sein, sei es mit!
  Und auf dem grünen Teppich der Wiesen
  Prüfen den leichten, geflügelten Schritt.
  Bin ich dem finstern Gefängnis entstiegen,
  Hält sie mich nicht mehr, die traurige Gruft? 2080
  Lass mich in vollen, in durstigen Zügen
  Trinken die freie, die himmlische Luft.
KENNEDY. O meine teure Lady! Euer Kerker
  Ist nur um ein klein weniges erweitert.
  Ihr seht nur nicht die Mauer, die uns einschließt, 2085
  Weil sie der Bäume dicht Gesträuch versteckt.
MARIA. O Dank, Dank diesen freundlich grünen Bäumen,
  Die meines Kerkers Mauern mir verstecken!
  Ich will mich frei und glücklich träumen,
  Warum aus meinem süßen Wahn mich wecken? 2090
  Umfängt mich nicht der weite Himmelsschoß?
  Die Blicke, frei und fessellos,
  Ergehen sich in ungemessnen Räumen.
  Dort, wo die grauen Nebelberge ragen,
  Fängt meines Reiches Grenze an, 2095
  Und diese Wolken, die nach Mittag jagen,
  Sie suchen Frankreichs fernen Ozean.
    Eilende Wolken! Segler der Lüfte!
    Wer mit euch wandert, mit euch schiffte!
    Grüßet mir freundlich mein Jugendland! 2100
  Ich bin gefangen, ich bin in Banden,
  Ach, ich hab keinen andern Gesandten!
  Frei in Lüften ist eure Bahn,
  Ihr seid nicht dieser Königin untertan.
KENNEDY. Ach, teure Lady! Ihr seid außer Euch, 2105

Die lang entbehrte Freiheit macht Euch schwärmen.
MARIA. Dort legt ein Fischer den Nachen an!
    Dieses elende Werkzeug könnte mich retten,
    Brächte mich schnell zu befreundeten Städten.
    Spärlich nährt es den dürftigen Mann.
    Beladen wollt ich ihn reich mit Schätzen,
    Einen Zug sollt er tun, wie er keinen getan,
    Das Glück sollt er finden in seinen Netzen,
    Nähm er mich ein in den rettenden Kahn,
KENNEDY. Verlorne Wünsche! Seht Ihr nicht, dass uns
    Von ferne dort die Spähertritte folgen?
    Ein finster grausames Verbot scheucht jedes
    Mitleidige Geschöpf aus unserm Wege.
MARIA. Nein, gute Hanna. Glaub mir, nicht umsonst
    Ist meines Kerkers Tor geöffnet worden.
    Die kleine Gunst ist mir des größern Glücks
    Verkünderin. Ich irre nicht. Es ist
    Der Liebe tät'ge Hand, der ich sie danke.
    Lord Leicesters mächt'gen Arm erkenn ich drin.
    Allmählich will man mein Gefängnis weiten,
    Durch Kleineres zum Größern mich gewöhnen,
    Bis ich das Antlitz dessen endlich schaue,
    Der mir die Bande löst auf immerdar.
KENNEDY. Ach, ich kann diesen Widerspruch nicht reimen!
    Noch gestern kündigt man den Tod Euch an,
    Und heute wird Euch plötzlich solche Freiheit.
    Auch denen, hört' ich sagen, wird die Kette
    Gelöst, auf die die ew'ge Freiheit wartet.
MARIA. Hörst du das Hifthorn? Hörst du's klingen,
    Mächtigen Rufes, durch Feld und Hain?
    Ach, auf das mutige Ross mich zu schwingen,
    An den fröhlichen Zug mich zu reihn!
    Noch mehr! O die bekannte Stimme,
    Schmerzlich süßer Erinnerung voll.
    Oft vernahm sie mein Ohr mit Freuden,
    Auf des Hochlands bergigten Heiden,
    Wenn die tobende Jagd erscholl.

ZWEITER AUFTRITT

Paulet. Die Vorigen.

PAULET. Nun! Hab ich's endlich recht gemacht, Mylady?
  Verdien ich einmal Euern Dank?
MARIA.   Wie, Ritter?
  Seid Ihr's, der diese Gunst mir ausgewirkt?
  Ihr seid's?
PAULET.   Warum soll ich's nicht sein? Ich war
  Am Hof, ich überbrachte Euer Schreiben –
MARIA. Ihr übergabt es? Wirklich, tatet Ihr's?
  Und diese Freiheit, die ich jetzt genieße,
  Ist eine Frucht des Briefs –
PAULET *(mit Bedeutung).*   Und nicht die einz'ge!
  Macht Euch auf eine größre noch gefasst.
MARIA. Auf eine größre, Sir? Was meint Ihr damit?
PAULET. Ihr hörtet doch die Hörner –
MARIA *(zurückfahrend, mit Ahnung).* Ihr erschreckt mich!
PAULET. Die Königin jagt in dieser Gegend.
MARIA.   Was?
PAULET. In wenig Augenblicken steht sie vor Euch.
KENNEDY *(auf Maria zueilend, welche zittert und hinzusinken droht).*
  Wie wird Euch, teure Lady! Ihr verblasst.
PAULET. Nun? Ist's nun nicht recht? War's nicht Eure Bitte?
  Sie wird Euch früher gewährt, als Ihr gedacht.
  Ihr wart sonst immer so geschwinder Zunge,
  Jetzt bringet Eure Worte an, jetzt ist
  Der Augenblick zu reden!
MARIA. O warum hat man mich nicht vorbereitet!
  Jetzt bin ich nicht darauf gefasst, jetzt nicht.
  Was ich mir als die höchste Gunst erbeten,
  Dünkt mir jetzt schrecklich, fürchterlich – Komm, Hanna,
  Führ mich ins Haus, dass ich mich fasse, mich
  Erhole –
PAULET. Bleibt. Ihr müsst sie hier erwarten.
  Wohl, wohl mag's Euch beängstigen, ich glaub's,
  Vor Eurem Richter zu erscheinen.

DRITTER AUFTRITT

Graf Shrewsbury zu den Vorigen.

2170 MARIA. Es ist nicht darum! Gott, mir ist ganz anders
Zumut – Ach edler Shrewsbury! Ihr kommt,
Vom Himmel mir ein Engel zugesendet!
– Ich kann sie nicht sehn! Rettet, rettet mich
Von dem verhassten Anblick –
2175 SHREWSBURY. Kommt zu Euch, Königin! Fasst Euren Mut
Zusammen. Das ist die entscheidungsvolle Stunde.
MARIA. Ich habe drauf geharret – jahrelang
Mich drauf bereitet, alles hab ich mir
Gesagt und ins Gedächtnis eingeschrieben,
2180 Wie ich sie rühren wollte und bewegen!
Vergessen plötzlich, ausgelöscht ist alles,
Nichts lebt in mir in diesem Augenblick,
Als meiner Leiden brennendes Gefühl.
In blut'gen Hass gewendet wider sie
2185 Ist mir das Herz, es fliehen alle guten
Gedanken, und die Schlangenhaare schüttelnd
Umstehen mich die finstern Höllengeister.
SHREWSBURY. Gebietet Eurem wild empörten Blut,
Bezwingt des Herzens Bitterkeit! Es bringt
2190 Nicht gute Frucht, wenn Hass dem Hass begegnet.
Wie sehr auch Euer Innres widerstrebe,
Gehorcht der Zeit und dem Gesetz der Stunde!
Sie ist die Mächtige – demütigt Euch!
MARIA. Vor ihr! Ich kann es nimmermehr.
SHREWSBURY.   Tut's dennoch!
2195 Sprecht ehrerbietig, mit Gelassenheit!
Ruft ihre Großmut an, trotzt nicht, jetzt nicht
Auf Euer Recht, jetzo ist nicht die Stunde.
MARIA. Ach mein Verderben hab ich mir erfleht,
Und mir zum Fluche wird mein Flehn erhört!
2200 Nie hätten wir uns sehen sollen, niemals!
Daraus kann nimmer, nimmer Gutes kommen!
Eh' mögen Feu'r und Wasser sich in Liebe
Begegnen und das Lamm den Tiger küssen –
Ich bin zu schwer verletzt – sie hat zu schwer
2205 Beleidigt – Nie ist zwischen uns Versöhnung!
SHREWSBURY. Seht sie nur erst von Angesicht!
Ich sah es ja, wie sie von Eurem Brief

Erschüttert war, ihr Auge schwamm in Tränen.
Nein, sie ist nicht gefühllos, hegt Ihr selbst
Nur besseres Vertrauen – Darum eben
Bin ich vorausgeeilt, damit ich Euch
In Fassung setzen und ermahnen möchte.

MARIA *(seine Hand ergreifend).*
Ach Talbot! Ihr wart stets mein Freund – dass ich
In Eurer milden Haft geblieben wäre!
Es ward mir hart begegnet, Shrewsbury!

SHREWSBURY. Vergesst jetzt alles. Darauf denkt allein,
Wie Ihr sie unterwürfig wollt empfangen.

MARIA. Ist Burleigh auch mit ihr, mein böser Engel?

SHREWSBURY. Niemand begleitet sie als Graf von Leicester.

MARIA. Lord Leicester!

SHREWSBURY. Fürchtet nichts von ihm. Nicht e r
Will Euren Untergang – Sein Werk ist es,
Dass Euch die Königin die Zusammenkunft
Bewilligt.

MARIA. Ach! Ich wusst' es wohl!

SHREWSBURY. Was sagt Ihr?

PAULET. Die Königin kommt!
*(Alles weicht auf die Seite; nur Maria bleibt,
auf die Kennedy gelehnt)*

VIERTER AUFTRITT

*Die Vorigen. Elisabeth. Graf Leicester.
Gefolge.*

ELISABETH *(zu Leicester).* Wie heißt der Landsitz?

LEICESTER. Fotheringhayschloss.

ELISABETH *(zu Shrewsbury).*
Schickt unser Jagdgefolg voraus nach London,
Das Volk drängt allzu heftig in den Straßen,
Wir suchen Schutz in diesem stillen Park.
*(Talbot entfernt das Gefolge. Sie fixiert mit den Augen
die Maria, indem sie zu Paulet weiterspricht)*
Mein gutes Volk liebt mich zu sehr. Unmäßig.
Abgöttisch sind die Zeichen seiner Freude,
So ehrt man einen Gott, nicht einen Menschen.

MARIA *(welche diese Zeit über halb ohnmächtig auf die Amme
gelehnt war, erhebt sich jetzt, und ihr Auge begegnet dem ge-*

spannten Blick der Elisabeth. Sie schaudert zusammen und wirft sich wieder an der Amme Brust).
O Gott, aus diesen Zügen spricht kein Herz!
ELISABETH. Wer ist die Lady?
     (Ein allgemeines Schweigen)
LEICESTER. – Du bist zu Fotheringhay, Königin.
ELISABETH *(stellt sich überrascht und erstaunt, einen finstern Blick auf Leicestern richtend).*
Wer hat mir das getan? Lord Leicester!
LEICESTER. Es ist geschehen, Königin – Und nun
 Der Himmel deinen Schritt hieher gelenkt,
 So lass die Großmut und das Mitleid siegen.
SHREWSBURY. Lass dich erbitten, königliche Frau,
 Dein Aug auf die Unglückliche zu richten,
 Die hier vergeht vor deinem Anblick.
(Maria rafft sich zusammen und will auf die Elisabeth zugehen, steht aber auf halbem Weg schaudernd still, ihre Gebärden drücken den heftigsten Kampf aus.)
ELISABETH.   Wie, Mylords?
Wer war es denn, der eine tief Gebeugte
Mir angekündigt? Eine Stolze find ich,
Vom Unglück keineswegs geschmeidigt.
MARIA.   Sei's:
Ich will mich auch noch diesem unterwerfen.
Fahr hin, ohnmächt'ger Stolz der edeln Seele!
Ich will vergessen, wer ich bin, und was
Ich litt, ich will vor ihr mich niederwerfen,
Die mich in dieser Schmach hinunterstieß.
    (Sie wendet sich gegen die Königin)
Der Himmel hat für Euch entschieden, Schwester!
Gekrönt vom Sieg ist Euer glücklich Haupt,
Die Gottheit bet ich an, die Euch erhöhte!
     (Sie fällt vor ihr nieder)
Doch seid auch Ihr nun edelmütig, Schwester!
Lasst mich nicht schmachvoll liegen, Eure Hand
Streckt aus, reicht mir die königliche Rechte,
Mich zu erheben von dem tiefen Fall.
ELISABETH *(zurücktretend).*
Ihr seid an Eurem Platz, Lady Maria!
Und dankend preis ich meines Gottes Gnade,
Der nicht gewollt, dass ich zu Euren Füßen
So liegen sollte, wie Ihr jetzt zu meinen.
MARIA *(mit steigendem Affekt).*

Denkt an den Wechsel alles Menschlichen!
Es leben Götter, die den Hochmut rächen!
Verehret, fürchtet sie, die schrecklichen,
Die mich zu Euren Füßen niederstürzen –
Um dieser fremden Zeugen willen, ehrt
In mir Euch selbst, entweihet, schändet nicht
Das Blut der Tudor, das in meinen Adern
Wie in den Euren fließt – O Gott im Himmel!
Steht nicht da, schroff und unzugänglich, wie
Die Felsenklippe, die der Strandende
Vergeblich ringend zu erfassen strebt.
Mein Alles hängt, mein Leben, mein Geschick,
An meiner Worte, meiner Tränen Kraft,
Löst mir das Herz, dass ich das Eure rühre!
Wenn Ihr mich anschaut mit dem Eisesblick,
Schließt sich das Herz mir schaudernd zu, der Strom
Der Tränen stockt, und kaltes Grauen fesselt
Die Flehensworte mir im Busen an.

ELISABETH *(kalt und streng)*.
Was habt Ihr mir zu sagen, Lady Stuart?
Ihr habt mich sprechen wollen. Ich vergesse
Die Königin, die schwer beleidigte,
Die fromme Pflicht der Schwester zu erfüllen,
Und meines Anblicks Trost gewähr ich Euch.
Dem Trieb der Großmut folg ich, setze mich
Gerechtem Tadel aus, dass ich so weit
Heruntersteige – denn Ihr wisst,
Dass Ihr mich habt ermorden lassen wollen.

MARIA. Womit soll ich den Anfang machen, wie
Die Worte klüglich stellen, dass sie Euch
Das Herz ergreifen, aber nicht verletzen!
O Gott, gib meiner Rede Kraft, und nimm
Ihr jeden Stachel, der verwunden könnte!
Kann ich doch für mich selbst nicht sprechen, ohne Euch
Schwer zu verklagen, und das will ich nicht.
– Ihr habt an mir gehandelt, wie nicht recht ist,
Denn ich bin eine Königin wie Ihr,
Und Ihr habt als Gefangne mich gehalten,
Ich kam zu Euch als eine Bittende,
Und Ihr, des Gastrechts heilige Gesetze,
Der Völker heilig Recht in mir verhöhnend,
Schlosst mich in Kerkermauern ein, die Freunde,
Die Diener werden grausam mir entrissen,

Unwürd'gem Mangel werd ich preisgegeben,
Man stellt mich vor ein schimpfliches Gericht –
Nichts mehr davon! Ein ewiges Vergessen
Bedecke, was ich Grausames erlitt.
– Seht! Ich will alles eine Schickung nennen,
Ihr seid nicht schuldig, ich bin auch nicht schuldig,
Ein böser Geist stieg aus dem Abgrund auf,
Den Hass in unsern Herzen zu entzünden,
Der unsre zarte Jugend schon entzweit.
Er wuchs mit uns, und böse Menschen fachten
Der unglücksel'gen Flamme Atem zu.
Wahnsinn'ge Eiferer bewaffneten
Mit Schwert und Dolch die unberufne Hand –
Das ist das Fluchgeschick der Könige,
Dass sie, entzweit, die Welt in Hass zerreißen
Und jeder Zwietracht Furien entfesseln.
– Jetzt ist kein fremder Mund mehr zwischen uns,
(nähert sich ihr zutraulich und mit schmeichelndem Ton)
Wir stehn einander selbst nun gegenüber.
Jetzt, Schwester, redet! Nennt mir meine Schuld,
Ich will Euch völliges Genügen leisten.
Ach, dass Ihr damals mir Gehör geschenkt,
Als ich so dringend Euer Auge suchte!
Es wäre nie so weit gekommen, nicht
An diesem traur'gen Ort geschähe jetzt
Die unglückselig traurige Begegnung.

ELISABETH. Mein guter Stern bewahrte mich davor,
Die Natter an den Busen mir zu legen.
– Nicht die Geschicke, Euer schwarzes Herz
Klagt an, die wilde Ehrsucht Eures Hauses.
Nichts Feindliches war zwischen uns geschehn,
Da kündigte mir Euer Ohm, der stolze,
Herrschwüt'ge Priester, der die freche Hand
Nach allen Kronen streckt, die Fehde an,
Betörte Euch, mein Wappen anzunehmen,
Euch meine Königstitel zuzueignen,
Auf Tod und Leben in den Kampf mit mir
Zu gehn – Wen rief er gegen mich nicht auf?
Der Priester Zeugen und der Völker Schwert,
Des frommen Wahnsinns fürchterliche Waffen,
Hier selbst, im Friedenssitze meines Reichs,
Blies er mir der Empörung Flammen an –
Doch Gott ist mit mir, und der stolze Priester

Behält das Feld nicht – Meinem Haupte war
Der Streich gedrohet, und das Eure fällt!
MARIA. Ich steh in Gottes Hand. Ihr werdet Euch
So blutig Eurer Macht nicht überheben –
ELISABETH. Wer soll mich hindern? Euer Oheim gab
Das Beispiel allen Königen der Welt,
Wie man mit seinen Feinden Frieden macht,
Die Sankt Barthelemi sei meine Schule!
Was ist mir Blutsverwandtschaft, Völkerrecht?
Die Kirche trennet aller Pflichten Band,
Den Treubruch heiligt sie, den Königsmord,
Ich übe nur, was Eure Priester lehren.
Sagt! Welches Pfand gewährte mir für Euch,
Wenn ich großmütig Eure Bande löste?
Mit welchem Schloss verwahr ich Eure Treue,
Das nicht Sankt Peters Schlüssel öffnen kann?
Gewalt nur ist die einz'ge Sicherheit,
Kein Bündnis ist mit dem Gezücht der Schlangen.
MARIA. O das ist Euer traurig finstrer Argwohn!
Ihr habt mich stets als eine Feindin nur
Und Fremdlingin betrachtet. Hättet Ihr
Zu Eurer Erbin mich erklärt, wie mir
Gebührt, so hätten Dankbarkeit und Liebe
Euch eine treue Freundin und Verwandte
In mir erhalten.
ELISABETH.   Draußen, Lady Stuart,
Ist Eure Freundschaft, Euer Haus das Papsttum,
Der Mönch ist Euer Bruder – Euch, zur Erbin
Erklären! Der verräterische Fallstrick!
Dass Ihr bei meinem Leben noch mein Volk
Verführtet, eine listige Armida,
Die edle Jugend meines Königreichs
In Eurem Buhlernetze schlau verstricktet –
Dass alles sich der neu aufgehnden Sonne
Zuwendete, und ich –
MARIA.   Regiert in Frieden!
Jedwedem Anspruch auf das Reich entsag ich.
Ach, meines Geistes Schwingen sind gelähmt,
Nicht Größe lockt mich mehr – Ihr habt's erreicht.
Ich bin nur noch der Schatten der Maria.
Gebrochen ist in langer Kerkerschmach
Der edle Mut – Ihr habt das Äußerste an mir
Getan, habt mich zerstört in meiner Blüte!

– Jetzt macht ein Ende, Schwester. Sprecht es aus,
Das Wort, um dessentwillen Ihr gekommen,
Denn nimmer will ich glauben, dass Ihr kamt,
Um Euer Opfer grausam zu verhöhnen.
2390 Sprecht dieses Wort aus. Sagt mir: „Ihr seid frei,
Maria! Meine Macht habt Ihr gefühlt,
Jetzt lernet meinen Edelmut verehren."
Sagt's, und ich will mein Leben, meine Freiheit
Als ein Geschenk aus Eurer Hand empfangen.
2395 – Ein Wort macht alles ungeschehn. Ich warte
Darauf. O lasst mich's nicht zu lang erharren!
Weh Euch, wenn Ihr mit diesem Wort nicht endet!
Denn wenn Ihr jetzt nicht segenbringend, herrlich,
Wie eine Gottheit von mir scheidet – Schwester!
2400 Nicht um dies ganze reiche Eiland, nicht
Um alle Länder, die das Meer umfasst,
Möcht ich vor Euch so stehn, wie Ihr vor mir!
ELISABETH. Bekennt Ihr endlich Euch für überwunden?
Ist's aus mit Euren Ränken? Ist kein Mörder
2405 Mehr unterweges? Will kein Abenteurer
Für Euch die traur'ge Ritterschaft mehr wagen?
– Ja, es ist aus, Lady Maria. Ihr verführt
Mir keinen mehr. Die Welt hat andre Sorgen.
Es lüstet keinen, Euer – vierter Mann
2410 Zu werden, denn Ihr tötet Eure Freier
Wie Eure Männer!
MARIA *(auffahrend).* Schwester! Schwester!
O Gott! Gott! Gib mir Mäßigung!
ELISABETH
(sieht sie lange mit einem Blick stolzer Verachtung an).
Das also sind die Reizungen, Lord Leicester,
Die ungestraft kein Mann erblickt, daneben
2415 Kein andres Weib sich wagen darf zu stellen!
Fürwahr! Der Ruhm war wohlfeil zu erlangen,
Es kostet nichts, die allgemeine Schönheit
Zu sein, als die gemeine sein für alle!
MARIA. Das ist zu viel!
ELISABETH *(höhnisch lachend).* Jetzt zeigt Ihr Euer wahres
2420 Gesicht, bis jetzt war's nur die Larve.
MARIA *(vor Zorn glühend, doch mit einer edeln Würde).*
Ich habe menschlich, jugendlich gefehlt,
Die Macht verführte mich, ich hab es nicht
Verheimlicht und verborgen, falschen Schein

Hab ich verschmäht, mit königlichem Freimut.
Das Ärgste weiß die Welt von mir, und ich
Kann sagen, ich bin besser als mein Ruf.
Weh Euch, wenn sie von Euren Taten einst
Den Ehrenmantel zieht, womit Ihr gleißend
Die wilde Glut verstohlner Lüste deckt.
Nicht Ehrbarkeit habt Ihr von Eurer Mutter
Geerbt, man weiß, um welcher Tugend willen
Anna von Boleyn das Schafott bestiegen.

SHREWSBURY *(tritt zwischen beide Königinnen).*
O Gott des Himmels! Muss es dahin kommen!
Ist das die Mäßigung, die Unterwerfung,
Lady Maria?

MARIA. Mäßigung! Ich habe
Ertragen, was ein Mensch ertragen kann.
Fahr hin, lammherzige Gelassenheit,
Zum Himmel fliehe, leidende Geduld,
Spreng endlich deine Bande, tritt hervor
Aus deiner Höhle, langverhaltner Groll –
Und du, der dem gereizten Basilisk
Den Mordblick gab, leg auf die Zunge mir
Den gift'gen Pfeil –

SHREWSBURY. O sie ist außer sich!
Verzeih der Rasenden, der schwer Gereizten! *(Elisabeth, für Zorn sprachlos, schießt wütende Blicke auf Marien)*

LEICESTER *(in der heftigsten Unruhe, sucht die Elisabeth hinwegzuführen).* Höre
Die Wütende nicht an! Hinweg, hinweg
Von diesem unglücksel'gen Ort!

MARIA. Der Thron von England ist durch einen Bastard
Entweiht, der Briten edelherzig Volk
Durch eine list'ge Gauklerin betrogen.
– Regierte Recht, so läget I h r vor mir
Im Staube jetzt, denn i c h bin Euer König. *(Elisabeth geht schnell ab, die Lords folgen ihr in der höchsten Bestürzung)*

FÜNFTER AUFTRITT

Maria. Kennedy.

KENNEDY. O was habt Ihr getan! Sie geht in Wut!
  Jetzt ist es aus und alle Hoffnung schwindet.
MARIA *(noch ganz außer sich).*
  Sie geht in Wut! Sie trägt den Tod im Herzen!
      (Der Kennedy um den Hals fallend)
2455 O wie mir wohl ist, Hanna! Endlich, endlich
  Nach Jahren der Erniedrigung, der Leiden,
  Ein Augenblick der Rache, des Triumphs!
  Wie Bergeslasten fällt's von meinem Herzen,
  Das Messer stieß ich in der Feindin Brust.
2460 KENNEDY. Unglückliche! Der Wahnsinn reißt Euch hin,
  Ihr habt die Unversöhnliche verwundet.
  Sie führt den Blitz, sie ist die Königin,
  Vor ihrem Buhlen habt Ihr sie verhöhnt!
MARIA. Vor Leicesters Augen hab ich sie erniedrigt!
2465 Er sah es, er bezeugte meinen Sieg!
  Wie ich sie niederschlug von ihrer Höhe,
  Er stand dabei, mich stärkte seine Nähe!

SECHSTER AUFTRITT

Mortimer zu den Vorigen.

KENNEDY. O Sir! Welch ein Erfolg –
MORTIMER.   Ich hörte alles.
*(Gibt der Amme ein Zeichen, sich auf ihren Posten zu begeben,
und tritt näher. Sein ganzes Wesen drückt eine heftige leiden-
schaftliche Stimmung aus)*
  Du hast gesiegt! Du tratst sie in den Staub,
2470 Du warst die Königin, s i e der Verbrecher.
  Ich bin entzückt von deinem Mut, ich bete
  Dich an, wie eine Göttin groß und herrlich
  Erscheinst du mir in diesem Augenblick.
MARIA. Ihr spracht mit Leicestern, überbrachtet ihm
2475 Mein Schreiben, mein Geschenk – O redet, Sir!
MORTIMER *(mit glühenden Blicken sie betrachtend).*
  Wie dich der edle königliche Zorn
  Umglänzte, deine Reize mir verklärte!

Du bist das schönste Weib auf dieser Erde!
MARIA. Ich bitt Euch, Sir! Stillt meine Ungeduld.
  Was spricht Mylord? O sagt, was darf ich hoffen?
MORTIMER. Wer? Er? das ist ein Feiger, Elender!
  Hofft nichts von ihm, verachtet ihn, vergesst ihn!
MARIA. Was sagt Ihr?
MORTIMER.   Er Euch retten und besitzen!
  Er Euch! Er soll es wagen! Er! Mit mir
  Muss er auf Tod und Leben darum kämpfen!
MARIA. Ihr habt ihm meinen Brief nicht übergeben?
  – O dann ist's aus!
MORTIMER.   Der Feige liebt das Leben.
  Wer dich will retten und die Seine nennen,
  Der muss den Tod beherzt umarmen können.
MARIA. Er will nichts für mich tun!
MORTIMER.   Nichts mehr von ihm!
  Was kann er tun, und was bedarf man sein?
  Ich will dich retten, ich allein!
MARIA. Ach, was vermögt Ihr!
MORTIMER.   Täuschet Euch nicht mehr,
  Als ob es noch wie gestern mit Euch stünde!
  So wie die Königin jetzt von Euch ging,
  Wie dies Gespräch sich wendete, ist alles
  Verloren, jeder Gnadenweg gesperrt.
  Der Tat bedarf's jetzt, Kühnheit muss entscheiden,
  Für alles werde alles frisch gewagt,
  Frei müsst Ihr sein, noch eh der Morgen tagt.
MARIA. Was sprecht Ihr? diese Nacht! Wie ist das möglich?
MORTIMER. Hört, was beschlossen ist. Versammelt hab ich
  In heimlicher Kapelle die Gefährten,
  Ein Priester hörte unsre Beichte an,
  Ablass ist uns erteilt für alle Schulden,
  Die wir begingen, Ablass im Voraus
  Für alle, die wir noch begehen werden,
  Das letzte Sakrament empfingen wir,
  Und fertig sind wir zu der letzten Reise.
MARIA. O welche fürchterliche Vorbereitung!
MORTIMER. Dies Schloss ersteigen wir in dieser Nacht,
  Der Schlüssel bin ich mächtig. Wir ermorden
  Die Hüter, reißen dich aus deiner Kammer
  Gewaltsam, sterben muss von unsrer Hand,
  Dass niemand überbleibe, der den Raub
  Verraten könne, jede lebende Seele.

MARIA. Und Drury, Paulet, meine Kerkermeister?
   O eher werden sie ihr letztes Blut –
MORTIMER. Von meinem Dolche fallen sie zuerst!
MARIA. Was? Euer Oheim, Euer zweiter Vater?
MORTIMER. Von meinen Händen stirbt er. Ich ermord ihn.
MARIA. O blut'ger Frevel!
MORTIMER.   Alle Frevel sind
   Vergeben im Voraus. Ich kann das Ärgste
   Begehen, und ich will's.
MARIA.   O schrecklich, schrecklich!
MORTIMER. Und müsst ich auch die Königin durchbohren,
   Ich hab es auf die Hostie geschworen.
MARIA. Nein, Mortimer! Eh so viel Blut um mich –
MORTIMER. Was ist mir alles Leben gegen dich
   Und meine Liebe! Mag der Welten Band
   Sich lösen, eine zweite Wasserflut
   Herwogend alles Atmende verschlingen!
   – Ich achte nichts mehr! Eh ich dir entsage,
   Eh nahe sich das Ende aller Tage.
MARIA (*zurücktretend*).
   Gott! Welche Sprache, Sir, und – welche Blicke!
   – Sie schrecken, sie verscheuchen mich.
MORTIMER (*mit irren Blicken und im Ausdruck des stillen
   Wahnsinns*).   Das Leben ist
   Nur ein Moment, der Tod ist auch nur einer!
   – Man schleife mich nach Tyburn, Glied für Glied
   Zerreiße man mit glühnder Eisenzange,
   (*indem er heftig auf sie zugeht mit ausgebreiteten Armen*)
   Wenn ich dich, heiß Geliebte, umfange –
MARIA (*zurücktretend*). Unsinniger, zurück –
MORTIMER.   An dieser Brust,
   Auf diesem Liebe atmenden Munde –
MARIA. Um Gottes willen, Sir! Lasst mich hineingehn!
MORTIMER. Der ist ein Rasender, der nicht das Glück
   Festhält in unauflöslicher Umarmung,
   Wenn es ein Gott in seine Hand gegeben.
   Ich will dich retten, kost es tausend Leben,
   Ich rette dich, ich will es, doch so wahr
   Gott lebt! ich schwör's, ich will dich auch besitzen.
MARIA. O will kein Gott, kein Engel mich beschützen!
   Furchtbares Schicksal! Grimmig schleuderst du
   Von einem Schrecknis mich dem andern zu.
   Bin ich geboren, nur die Wut zu wecken?

Verschwört sich Hass und Liebe, mich zu schrecken.
MORTIMER. Ja, glühend, wie sie hassen, lieb ich dich!
  Sie wollen dich enthaupten, diesen Hals,
  Den blendend weißen, mit dem Beil durchschneiden.
  O weihe du dem Lebensgott der Freuden,
  Was du dem Hasse blutig opfern musst.
  Mit diesen Reizen, die nicht dein mehr sind,
  Beselige den glücklichen Geliebten.
  Die schöne Locke, dieses seidne Haar,
  Verfallen schon den finstern Todesmächten,
  Gebrauch's, den Sklaven ewig zu umflechten!
MARIA. O welche Sprache muss ich hören! Sir!
  Mein Unglück sollt Euch heilig sein, mein Leiden,
  Wenn es mein königliches Haupt nicht ist.
MORTIMER. Die Krone ist von deinem Haupt gefallen,
  Du hast nichts mehr von ird'scher Majestät,
  Versuch es, lass dein Herrscherwort erschallen,
  Ob dir ein Freund, ein Retter aufersteht.
  Nichts blieb dir als die rührende Gestalt,
  Der hohen Schönheit göttliche Gewalt,
  Die lässt mich alles wagen und vermögen,
  Die treibt dem Beil des Henkers mich entgegen –
MARIA. O wer errettet mich von seiner Wut!
MORTIMER. Verwegner Dienst belohnt sich auch verwegen!
  Warum verspritzt der Tapfere sein Blut?
  Ist Leben doch des Lebens höchstes Gut!
  Ein Rasender, der es umsonst verschleudert!
  Erst will ich ruhn an seiner wärmsten Brust – *(Er presst sie heftig an sich)*
MARIA. O muss ich Hülfe rufen gegen den Mann,
  Der mein Erretter –
MORTIMER.   Du bist nicht gefühllos,
  Nicht kalter Strenge klagt die Welt dich an,
  Dich kann die heiße Liebesbitte rühren,
  Du hast den Sänger Rizzio beglückt,
  Und jener Bothwell durfte dich entführen.
MARIA. Vermessener!
MORTIMER.   Er war nur dein Tyrann!
  Du zittertest vor ihm, da du ihn liebtest!
  Wenn nur der Schrecken dich gewinnen kann,
  Beim Gott der Hölle! –
MARIA.   Lasst mich! Raset Ihr?
MORTIMER. Erzittern sollst du auch vor mir!

KENNEDY *(hereinstürzend).*
  Man naht. Man kommt. Bewaffnet Volk erfüllt
  Den ganzen Garten.
MORTIMER *(auffahrend und zum Degen greifend).*
    Ich beschütze dich.
MARIA. O Hanna! Rette mich aus seinen Händen!
  Wo find ich Ärmste einen Zufluchtsort?
  Zu welchem Heiligen soll ich mich wenden?
  Hier ist Gewalt und drinnen ist der Mord.
  (Sie flieht dem Hause zu, Kennedy folgt)

SIEBENTER AUFTRITT

*Mortimer, Paulet und Drury, welche außer sich
hereinstürzen. Gefolge eilt über die Szene.*

PAULET. Verschließt die Pforten. Zieht die Brücken auf!
MORTIMER. Oheim, was ist's?
PAULET.   Wo ist die Mörderin?
  Hinab mit ihr ins finsterste Gefängnis!
MORTIMER. Was gibt's? Was ist geschehn?
PAULET.   Die Königin!
  Verfluchte Hände! Teuflisches Erkühnen!
MORTIMER. Die Königin! Welche Königin?
PAULET.   Von England!
  Sie ist ermordet auf der Londner Straßen! *(Eilt ins Haus)*

ACHTER AUFTRITT

Mortimer, gleich darauf Okelly.

MORTIMER. Bin ich im Wahnwitz? Kam nicht eben jemand
  Vorbei und rief, die Königin sei ermordet?
  Nein, nein, mir träumte nur. Ein Fieberwahn
  Bringt mir als wahr und wirklich vor den Sinn,
  Was die Gedanken grässlich mir erfüllt.
  Wer kommt? Es ist Okell'. So schreckensvoll!
OKELLY *(hereinstürzend).*
  Flieht, Mortimer! Flieht. Alles ist verloren.
MORTIMER. Was ist verloren?
OKELLY.   Fragt nicht lange. Denkt

Auf schnelle Flucht.
MORTIMER. Was gibt's denn?
OKELLY. Sauvage führte
Den Streich, der Rasende.
MORTIMER. So ist es wahr?
OKELLY. Wahr, wahr! O rettet Euch!
MORTIMER. Sie ist ermordet,
Und auf den Thron von England steigt Maria!
OKELLY. Ermordet! Wer sagt das?
MORTIMER. Ihr selbst!
OKELLY. Sie lebt!
Und ich und Ihr, wir alle sind des Todes.
MORTIMER. Sie lebt!
OKELLY. Der Stoß ging fehl, der Mantel fing ihn auf,
Und Shrewsbury entwaffnete den Mörder.
MORTIMER. Sie lebt.
OKELLY. Lebt, um uns alle zu verderben!
Kommt, man umzingelt schon den Park.
MORTIMER. Wer hat
Das Rasende getan?
OKELLY. Der Barnabit
Aus Toulon war's, den Ihr in der Kapelle
Tiefsinnig sitzen saht, als uns der Mönch
Das Anathem ausdeutete, worin
Der Papst die Königin mit dem Fluch belegt.
Das Nächste, Kürzeste wollt' er ergreifen,
Mit einem kecken Streich die Kirche Gottes
Befrein, die Martyrkrone sich erwerben,
Dem Priester nur vertraut' er seine Tat,
Und auf dem Londoner Weg ward sie vollbracht.
MORTIMER *(nach einem langen Stillschweigen)*.
O dich verfolgt ein grimmig wütend Schicksal,
Unglückliche! Jetzt – ja, jetzt musst du sterben,
Dein Engel selbst bereitet deinen Fall.
OKELLY. Sagt! Wohin wendet Ihr die Flucht? Ich gehe,
Mich in des Nordens Wäldern zu verbergen.
MORTIMER. Flieht hin und Gott geleite Eure Flucht!
Ich bleibe. Noch versuch ich's, sie zu retten,
Wo nicht, auf ihrem Sarge mir zu betten.
(Gehen ab zu verschiedenen Seiten)

VIERTER AUFZUG

Vorzimmer

ERSTER AUFTRITT

Graf Aubespine, Kent und Leicester.

AUBESPINE. Wie steht's um Ihro Majestät? Mylords,
 Ihr seht mich noch ganz außer mir für Schrecken.
 Wie ging das zu? Wie konnte das in Mitte
 Des allertreusten Volks geschehen?
LEICESTER.   Es geschah
 Durch keinen aus dem Volke. Der es tat,
 War Eures Königs Untertan, ein Franke.
AUBESPINE. Ein Rasender gewisslich.
KENT.   Ein Papist,
 Graf Aubespine!

ZWEITER AUFTRITT

Vorige. Burleigh im Gespräch mit Davison.

BURLEIGH.   Sogleich muss der Befehl
 Zur Hinrichtung verfasst und mit dem Siegel
 Versehen werden – Wenn er ausgefertigt,
 Wird er der Königin zur Unterschrift
 Gebracht. Geht! Keine Zeit ist zu verlieren.
DAVISON. Es soll geschehn. *(Geht ab)*
AUBESPINE *(Burleigh entgegen)*. Mylord, mein treues Herz
 Teilt die gerechte Freude dieser Insel.
 Lob sei dem Himmel, der den Mörderstreich
 Gewehrt von diesem königlichen Haupt!
BURLEIGH. Er sei gelobt, der unsrer Feinde Bosheit
 Zuschanden machte!
AUBESPINE.   Mög ihn Gott verdammen,
 Den Täter dieser fluchenswerten Tat!
BURLEIGH. Den Täter und den schändlichen Erfinder.
AUBESPINE *(zu Kent)*.
 Gefällt es Eurer Herrlichkeit, Lordmarschall,
 Bei Ihro Majestät mich einzuführen,
 Dass ich den Glückwunsch meines Herrn und Königs

Zu ihren Füßen schuldigst niederlege –
BURLEIGH. Bemüht Euch nicht, Graf Aubespine.
AUBESPINE *(offizios).* Ich weiß,
Lord Burleigh, was mir obliegt.
BURLEIGH. Euch liegt ob,
Die Insel auf das schleunigste zu räumen.
AUBESPINE *(tritt erstaunt zurück).*
Was! Wie ist das?
BURLEIGH. Der heilige Charakter
Beschützt Euch heute noch und morgen nicht mehr.
AUBESPINE. Und was ist mein Verbrechen?
BURLEIGH. Wenn ich es
Genannt, so ist es nicht mehr zu vergeben.
AUBESPINE.
Ich hoffe, Lord, das Recht der Abgesandten –
BURLEIGH. Schützt – Reichsverräter nicht.
LEICESTER und KENT. Ha! Was ist das!
AUBESPINE. Mylord!
Bedenkt Ihr wohl –
BURLEIGH. Ein Pass, von Eurer Hand
Geschrieben, fand sich in des Mörders Tasche.
KENT. Ist's möglich?
AUBESPINE. Viele Pässe teil ich aus.
Ich kann der Menschen Innres nicht erforschen.
BURLEIGH. In Eurem Hause beichtete der Mörder.
AUBESPINE. Mein Haus ist offen.
BURLEIGH. Jedem Feinde Englands.
AUBESPINE. Ich fodre Untersuchung.
BURLEIGH. Fürchtet sie!
AUBESPINE. In meinem Haupt ist mein Monarch verletzt,
Zerreißen wird er das geschlossne Bündnis.
BURLEIGH. Zerrissen schon hat es die Königin,
England wird sich mit Frankreich nicht vermählen.
Mylord von Kent! Ihr übernehmt es,
Den Grafen sicher an das Meer zu bringen.
Das aufgebrachte Volk hat sein Hotel
Gestürmt, wo sich ein ganzes Arsenal
Von Waffen fand, es droht, ihn zu zerreißen,
Wie er sich zeigt; verberget ihn, bis sich
Die Wut gelegt – Ihr haftet für sein Leben!
AUBESPINE. Ich gehe, ich verlasse dieses Land,
Wo man der Völker Recht mit Füßen tritt
Und mit Verträgen spielt – doch mein Monarch

2695　　Wird blut'ge Rechenschaft –
BURLEIGH.　　　　　　　Er hole sie!
　　　　　(Kent und Aubespine gehen ab)

DRITTER AUFTRITT

Leicester und Burleigh.

LEICESTER. So löst Ihr selbst das Bündnis wieder auf,
　　Das Ihr geschäftig unberufen knüpftet.
　　Ihr habt um England wenig Dank verdient,
　　Mylord, die Mühe konntet Ihr Euch sparen.
2700　BURLEIGH. Mein Zweck war gut. Gott leitete es anders.
　　Wohl dem, der sich nichts Schlimmeres bewusst ist!
LEICESTER. Man kennt Cecils geheimnisreiche Miene,
　　Wenn er die Jagd auf Staatsverbrechen macht.
　　– Jetzt, Lord, ist eine gute Zeit für Euch.
2705　Ein ungeheurer Frevel ist geschehn,
　　Und noch umhüllt Geheimnis seine Täter.
　　Jetzt wird ein Inquisitionsgericht
　　Eröffnet. Wort und Blicke werden abgewogen,
　　Gedanken selber vor Gericht gestellt.
2710　Da seid **Ihr** der allwicht'ge Mann, der Atlas
　　Des Staats, ganz England liegt auf Euren Schultern.
BURLEIGH. In Euch, Mylord, erkenn ich meinen Meister,
　　Denn solchen Sieg, als Eure Rednerkunst
　　Erfocht, hat meine nie davongetragen.
2715　LEICESTER. Was meint Ihr damit, Lord?
BURLEIGH. Ihr wart es doch, der hinter meinem Rücken
　　Die Königin nach Fotheringhayschloss
　　Zu locken wusste?
LEICESTER.　　　Hinter Eurem Rücken!
　　Wann scheuten meine Taten Eure Stirn?
2720　BURLEIGH. Die Königin hättet **Ihr** nach Fotheringhay
　　Geführt? Nicht doch! Ihr habt die **Königin**
　　Nicht hingeführt! – Die Königin war es,
　　Die so gefällig war, **Euch** hinzuführen.
LEICESTER. Was wollt Ihr damit sagen, Lord?
BURLEIGH.　　　　　　　　　　Die edle
2725　Person, die Ihr die Königin dort spielen ließt!
　　Der herrliche Triumph, den Ihr der arglos
　　Vertrauenden bereitet – Güt'ge Fürstin!

So schamlos frech verspottete man dich,
So schonungslos wardst du dahingegeben!
– Das also ist die Großmut und die Milde,
Die Euch im Staatsrat plötzlich angewandelt!
Darum ist diese Stuart ein so schwacher,
Verachtungswerter Feind, dass es der Müh
Nicht lohnt, mit ihrem Blut sich zu beflecken!
Ein feiner Plan! Fein zugespitzt! Nur schade,
Zu fein geschärfet, dass die Spitze brach!
LEICESTER.
Nichtswürdiger! Gleich folgt mir! An dem Throne
Der Königin sollt Ihr mir Rede stehn.
BURLEIGH. Dort trefft Ihr mich – Und sehet zu, Mylord,
Dass Euch dort die Beredsamkeit nicht fehle! *(Geht ab)*

VIERTER AUFTRITT

Leicester allein, darauf Mortimer.

LEICESTER. Ich bin entdeckt, ich bin durchschaut – Wie kam
Der Unglückselige auf meine Spuren!
Weh mir, wenn er Beweise hat! Erfährt
Die Königin, dass zwischen mir und der Maria
Verständnisse gewesen – Gott! Wie schuldig
Steh ich vor ihr! Wie hinterlistig treulos
Erscheint mein Rat, mein unglückseliges
Bemühn, nach Fotheringhay sie zu führen!
Grausam verspottet sieht sie sich von mir,
An die verhasste Feindin sich verraten!
O nimmer, nimmer kann sie das verzeihn!
Vorherbedacht wird alles nun erscheinen,
Auch diese bittre Wendung des Gesprächs,
Der Gegnerin Triumph und Hohngelächter,
Ja selbst die Mörderhand, die blutig schrecklich,
Ein unerwartet ungeheures Schicksal,
Dazwischenkam, werd i c h bewaffnet haben!
Nicht Rettung seh ich, nirgends! Ha! Wer kommt!
MORTIMER *(kommt in der heftigsten Unruhe und blickt scheu umher).*
Graf Leicester! Seid Ihr's? Sind wir ohne Zeugen?
LEICESTER. Unglücklicher, hinweg! Was sucht Ihr hier?
MORTIMER. Man ist auf unsrer Spur, auf Eurer auch,

Nehmt Euch in Acht!
LEICESTER.   Hinweg, hinweg!
MORTIMER.   Man weiß,
   Dass bei dem Grafen Aubespine geheime
   Versammlung war –
2765 LEICESTER. Was kümmert's mich!
MORTIMER.   Dass sich der Mörder
   Dabei befunden –
LEICESTER.   Das ist Eure Sache!
   Verwegener! Was unterfangt Ihr Euch,
   In Euren blut'gen Frevel mich zu flechten?
   Verteidigt Eure bösen Händel selbst!
2770 MORTIMER. So hört mich doch nur an.
LEICESTER *(in heftigem Zorn).*   Geht in die Hölle!
   Was hängt Ihr Euch, gleich einem bösen Geist,
   An meine Fersen! Fort! Ich kenn Euch nicht,
   Ich habe nichts gemein mit Meuchelmördern.
MORTIMER.
   Ihr wollt nicht hören. Euch zu warnen komm ich,
2775 Auch Eure Schritte sind verraten –
LEICESTER.   Ha!
MORTIMER. Der Großschatzmeister war zu Fotheringhay,
   Sogleich nachdem die Unglückstat geschehn war,
   Der Königin Zimmer wurden streng durchsucht,
   Da fand sich –
LEICESTER. Was?
MORTIMER.   Ein angefangner Brief
2780 Der Königin an Euch –
LEICESTER.   Die Unglücksel'ge!
MORTIMER. Worin sie Euch auffodert, Wort zu halten,
   Euch das Versprechen ihrer Hand erneuert,
   Des Bildnisses gedenkt –
LEICESTER.   Tod und Verdammnis!
MORTIMER. Lord Burleigh hat den Brief.
LEICESTER.   Ich bin verloren!
(Er geht während der folgenden Rede Mortimers verzweiflungsvoll auf und nieder)
2785 MORTIMER. Ergreift den Augenblick! Kommt Ihm zuvor!
   Errettet Euch, errettet sie – Schwört Euch
   Heraus, ersinnt Entschuldigungen, wendet
   Das Ärgste ab! Ich selbst kann nichts mehr tun.
   Zerstreut sind die Gefährten, auseinander
2790 Gesprengt ist unser ganzer Bund. Ich eile

Nach Schottland, neue Freunde dort zu sammeln.
An Euch ist's jetzt, versucht, was Euer Ansehn,
Was eine kecke Stirn vermag!
LEICESTER *(steht still, plötzlich besonnen).* Das will ich.
   (Er geht nach der Türe, öffnet sie und ruft)
He da! Trabanten!
   (Zu dem Offizier, der mit Bewaffneten hereintritt)
                        Diesen Staatsverräter
Nehmt in Verwahrung und bewacht ihn wohl!
Die schändlichste Verschwörung ist entdeckt,
Ich bringe selbst der Königin die Botschaft. *(Er geht ab)*
MORTIMER *(steht anfangs starr für Erstaunen, fasst sich aber bald und sieht Leicestern mit einem Blick der tiefsten Verachtung nach).*
Ha, Schändlicher – Doch ich verdiene das!
Wer hieß mich auch dem Elenden vertrauen?
Weg über meinen Nacken schreitet er,
Mein Fall muss ihm die Rettungsbrücke bauen.
– So rette dich! Verschlossen bleibt mein Mund,
Ich will dich nicht in mein Verderben flechten.
Auch nicht im Tode mag ich deinen Bund,
Das Leben ist das einz'ge Gut des Schlechten.
   *(Zu dem Offizier der Wache, der hervortritt,
         um ihn gefangen zu nehmen)*
Was willst du, feiler Sklav der Tyrannei?
Ich spotte deiner, ich bin frei! *(Einen Dolch ziehend)*
OFFIZIER. Er ist bewehrt – Entreißt ihm seinen Dolch!
   (Sie dringen auf ihn ein, er erwehrt sich ihrer)
MORTIMER. Und frei im letzten Augenblick soll
Mein Herz sich öffnen, meine Zunge lösen!
Fluch und Verderben euch, die ihren Gott
Und ihre wahre Königin verraten!
Die von der irdischen Maria sich
Treulos, wie von der himmlischen, gewendet,
Sich dieser Bastardkönigin verkauft –
OFFIZIER. Hört ihr die Lästerung! Auf! Ergreifet ihn.
MORTIMER. Geliebte! Nicht erretten konnt' ich dich,
So will ich dir ein männlich Beispiel geben.
Maria, heil'ge, bitt für mich!
Und nimm mich zu dir in dein himmlisch Leben!
   *(Er durchsticht sich mit dem Dolch und fällt der Wache in die
                        Arme)*

Zimmer der Königin.

FÜNFTER AUFTRITT

Elisabeth, einen Brief in der Hand. Burleigh.

ELISABETH. Mich hinzuführen! Solchen Spott mit mir
 Zu treiben! Der Verräter! Im Triumph
 Vor seiner Buhlerin mich aufzuführen!
 O so ward noch kein Weib betrogen, Burleigh!
BURLEIGH. Ich kann es noch nicht fassen, wie es ihm,
 Durch welche Macht, durch welche Zauberkünste
 Gelang, die Klugheit meiner Königin
 So sehr zu überraschen.
ELISABETH.   O ich sterbe
 Für Scham! Wie musst' er meiner Schwäche spotten!
 Sie glaubt' ich zu erniedrigen und war,
 Ich selber, ihres Spottes Ziel!
BURLEIGH. Du siehst nun ein, wie treu i c h dir geraten!
ELISABETH. O ich bin schwer dafür gestraft, dass ich
 Von Eurem weisen Rate mich entfernt!
 Und sollt' ich i h m nicht glauben? In den Schwüren
 Der treusten Liebe einen Fallstrick fürchten?
 Wem darf ich traun, wenn e r mich hinterging?
 E r, den ich groß gemacht vor allen Großen,
 Der mir der Nächste stets am Herzen war,
 Dem ich verstattete, an diesem Hof
 Sich wie der Herr, der König zu betragen!
BURLEIGH. Und zu derselben Zeit verriet er dich
 An diese falsche Königin von Schottland!
ELISABETH. O sie bezahle mir's mit ihrem Blut!
 – Sagt! Ist das Urteil abgefasst?
BURLEIGH.   Es liegt
 Bereit, wie du befohlen.
ELISABETH.   Sterben soll sie!
 Er soll sie fallen sehn und nach ihr fallen.
 Verstoßen hab ich ihn aus meinem Herzen,
 Fort ist die Liebe, Rache füllt es ganz.
 So hoch er stand, so tief und schmählich sei
 Sein Sturz! Er sei ein Denkmal meiner Strenge,
 Wie er ein Beispiel meiner Schwäche war.
 Man führ ihn nach dem Tower, ich werde Peers
 Ernennen, die ihn richten, hingegeben

Sei er der ganzen Strenge des Gesetzes.
BURLEIGH. Er wird sich zu dir drängen, sich rechtfert'gen –
ELISABETH. Wie kann er sich rechtfert'gen? Überführt
  Ihn nicht der Brief? O sein Verbrechen ist
  Klar wie der Tag!
BURLEIGH.   Doch du bist mild und gnädig,
  Sein Anblick, seine mächt'ge Gegenwart –
ELISABETH. Ich will ihn nicht sehn. Niemals, niemals wieder!
  Habt Ihr Befehl gegeben, dass man ihn
  Zurückweist, wenn er kommt?
BURLEIGH.   So ist's befohlen!
PAGE *(tritt ein)*.
  Mylord von Leicester!
KÖNIGIN.   Der Abscheuliche!
  Ich will ihn nicht sehn. Sagt ihm, dass ich ihn
  Nicht sehen will.
PAGE.   Das wag ich nicht dem Lord
  Zu sagen, und er würde mir's nicht glauben.
KÖNIGIN. So hab ich ihn erhöht, dass meine Diener
  Vor seinem Ansehn mehr als meinem zittern!
BURLEIGH *(zum Pagen)*.
  Die Königin verbiet ihm, sich zu nahn!
         (Page geht zögernd ab)
KÖNIGIN *(nach einer Pause)*.
  Wenn's dennoch möglich wäre – Wenn er sich
  Rechtfert'gen könnte! – Sagt mir, könnt es nicht
  Ein Fallstrick sein, den mir Maria legte,
  Mich mit dem treusten Freunde zu entzwein?
  Oh, sie ist eine abgefeimte Bübin,
  Wenn sie den Brief nur schrieb, mir gift'gen Argwohn
  Ins Herz zu streun, ihn, den sie hasst, ins Unglück
  Zu stürzen –
BURLEIGH. Aber Königin, erwäge –

SECHSTER AUFTRITT

Vorige. Leicester.

LEICESTER *(reißt die Tür mit Gewalt auf und tritt mit gebiete-
  rischem Wesen herein)*.
  Den Unverschämten will ich sehn, der mir
  Das Zimmer meiner Königin verbietet.

ELISABETH. Ha, der Verwegene!
LEICESTER. Mich abzuweisen!
Wenn sie für einen Burleigh sichtbar ist,
So ist sie's auch für mich!
BURLEIGH. Ihr seid sehr kühn, Mylord,
Hier wider die Erlaubnis einzustürmen.
LEICESTER.
Ihr seid sehr frech, Lord, hier das Wort zu nehmen.
Erlaubnis! Was! Es ist an diesem Hofe
Niemand, durch dessen Mund Graf Leicester sich
Erlauben und verbieten lassen kann!
(Indem er sich der Elisabeth demütig nähert)
Aus meiner Königin eignem Mund will ich –
ELISABETH *(ohne ihn anzusehen).*
Aus meinem Angesicht, Nichtswürdiger!
LEICESTER. Nicht meine gütige Elisabeth,
Den Lord vernehm ich, meinen Feind, in diesen
Unholden Worten – Ich berufe mich auf m e i n e
Elisabeth – Du liehest i h m dein Ohr,
Das gleiche fod'r ich.
ELISABETH. Redet, Schändlicher!
Vergrößert Euren Frevel! Leugnet ihn!
LEICESTER. Lasst diesen Überlästigen sich erst
Entfernen – Tretet ab, Mylord – Was ich
Mit meiner Königin zu verhandeln habe,
Braucht keinen Zeugen. Geht.
ELISABETH *(zu Burleigh).* Bleibt. Ich befehl es!
LEICESTER. Was soll der Dritte zwischen dir und mir!
Mit meiner angebeteten Monarchin
Hab ich's zu tun – Die Rechte meines Platzes
Behaupt ich – Es sind heil'ge Rechte!
Und ich bestehe drauf, dass sich der Lord
Entferne!
ELISABETH. Euch geziemt die stolze Sprache!
LEICESTER. Wohl ziemt sie mir, denn ich bin der Beglückte,
Dem deine Gunst den hohen Vorzug gab,
Das hebt mich über ihn und über alle!
Dein Herz verlieh mir diesen stolzen Rang,
Und was die Liebe gab, werd ich, bei Gott!
Mit meinem Leben zu behaupten wissen.
Er geh – und zweier Augenblicke nur
Bedarf's, mich mit dir zu verständigen.
ELISABETH. Ihr hofft umsonst, mich listig zu beschwatzen.

LEICESTER. Beschwatzen konnte dich der Plauderer,
  Ich aber will zu deinem Herzen reden!
  Und was ich im Vertraun auf deine Gunst
  Gewagt, will ich auch nur vor deinem Herzen
  Rechtfertigen – Kein anderes Gericht
  Erkenn ich über mir als deine Neigung!
ELISABETH. Schamloser! Eben diese ist's, die Euch zuerst
  Verdammt – Zeigt ihm den Brief, Mylord!
BURLEIGH.   Hier ist er!
LEICESTER *(durchläuft den Brief, ohne die Fassung zu verändern).*
  Das ist der Stuart Hand!
ELISABETH.   Lest und verstummt!
LEICESTER *(nachdem er gelesen, ruhig).*
  Der Schein ist gegen mich, doch darf ich hoffen,
  Dass ich nicht nach dem Schein gerichtet werde!
ELISABETH. Könnt Ihr es leugnen, dass Ihr mit der Stuart
  In heimlichem Verständnis wart, ihr Bildnis
  Empfingt, ihr zur Befreiung Hoffnung machtet?
LEICESTER.
  Leicht wäre mir's, wenn ich mich schuldig fühlte,
  Das Zeugnis einer Feindin zu verwerfen!
  Doch frei ist mein Gewissen, ich bekenne,
  Dass sie die Wahrheit schreibt!
ELISABETH.   Nun denn,
  Unglücklicher!
BURLEIGH.   Sein eigner Mund verdammt ihn.
ELISABETH. Aus meinen Augen. In den Tower – Verräter!
LEICESTER. Der bin ich nicht. Ich hab gefehlt, dass ich
  Aus diesem Schritt dir ein Geheimnis machte;
  Doch redlich war die Absicht, es geschah,
  Die Feindin zu erforschen, zu verderben.
ELISABETH. Elende Ausflucht –
BURLEIGH.   Wie, Mylord? Ihr glaubt –
LEICESTER. Ich habe ein gewagtes Spiel gespielt,
  Ich weiß, und nur Graf Leicester durfte sich
  An diesem Hofe solcher Tat erkühnen.
  Wie ich die Stuart hasse, weiß die Welt.
  Der Rang, den ich bekleide, das Vertrauen,
  Wodurch die Königin mich ehrt, muss jeden Zweifel
  In meine treue Meinung niederschlagen.
  Wohl darf der Mann, den deine Gunst vor allen
  Auszeichnet, einen eignen kühnen Weg

2950 Einschlagen, seine Pflicht zu tun.
BURLEIGH. Warum,
Wenn's eine gute Sache war, verschwiegt Ihr?
LEICESTER.
Mylord! Ihr pflegt zu schwatzen, eh Ihr handelt,
Und seid die Glocke Eurer Taten. Das
Ist Eure Weise, Lord. Die meine ist,
2955 Erst handeln und dann reden!
BURLEIGH. Ihr redet jetzo, weil Ihr müsst.
LEICESTER *(ihn stolz und höhnisch mit den Augen messend).*
Und Ihr
Berühmt Euch, eine wundergroße Tat
Ins Werk gerichtet, Eure Königin
Gerettet, die Verräterei entlarvt
2960 Zu haben – Alles wisst Ihr, Eurem Scharfblick
Kann nichts entgehen, meint Ihr – Armer Prahler!
Trotz Eurer Spürkunst war Maria Stuart
Noch heute frei, wenn ich es nicht verhindert.
BURLEIGH. Ihr hättet –
LEICESTER. Ich, Mylord. Die Königin
2965 Vertraute sich dem Mortimer, sie schloss
Ihr Innerstes ihm auf, sie ging so weit,
Ihm einen blut'gen Auftrag gegen die Maria
Zu geben, da der Oheim sich mit Abscheu
Von einem gleichen Antrag abgewendet –
2970 Sagt! Ist es nicht so?
(Königin und Burleigh sehen einander betroffen an)
BURLEIGH. Wie gelangtet Ihr
Dazu? –
LEICESTER. Ist's nicht so? – Nun, Mylord! Wo hattet
Ihr Eure tausend Augen, nicht zu sehn,
Dass dieser Mortimer Euch hinterging?
Dass er ein wütender Papist, ein Werkzeug
2975 Der Guisen, ein Geschöpf der Stuart war,
Ein keck entschlossner Schwärmer, der gekommen,
Die Stuart zu befrein, die Königin
Zu morden –
ELISABETH *(mit dem äußersten Erstaunen).*
Dieser Mortimer!
LEICESTER. Er war's, durch den
Maria Unterhandlung mit mir pflog,
2980 Den ich auf diesem Wege kennen lernte.
Noch heute sollte sie aus ihrem Kerker

Gerissen werden, diesen Augenblick
Entdeckte mir's sein eigner Mund, ich ließ ihn
Gefangen nehmen, und in der Verzweiflung,
Sein Werk vereitelt, sich entlarvt zu sehn,
Gab er sich selbst den Tod!
ELISABETH.   O ich bin unerhört
Betrogen – dieser Mortimer!
BURLEIGH.   Und jetzt
Geschah das? Jetzt, nachdem ich Euch verlassen!
LEICESTER. Ich muss um meinetwillen sehr beklagen,
Dass es dies Ende mit ihm nahm. Sein Zeugnis,
Wenn er noch lebte, würde mich vollkommen
Gereinigt, aller Schuld entledigt haben.
Drum übergab ich ihn des Richters Hand.
Die strengste Rechtsform sollte meine Unschuld
Vor aller Welt bewähren und besiegeln.
BURLEIGH. Er tötete sich, sagt Ihr. Er sich selbst? Oder
Ihr ihn?
LEICESTER. Unwürdiger Verdacht! Man höre
Die Wache ab, der ich ihn übergab!
  (Er geht an die Tür und ruft hinaus.
   Der Offizier der Leibwache tritt herein)
Erstattet Ihrer Majestät Bericht,
Wie dieser Mortimer umkam!
OFFIZIER.   Ich hielt die Wache
Im Vorsaal, als Mylord die Türe schnell
Eröffnete und mir befahl, den Ritter
Als einen Staatsverräter zu verhaften.
Wir sahen ihn hierauf in Wut geraten,
Den Dolch ziehn unter heftiger Verwünschung
Der Königin und, eh wir's hindern konnten,
Ihn in die Brust sich stoßen, dass er tot
Zu Boden stürzte –
LEICESTER.   Es ist gut. Ihr könnt
Abtreten, Sir! Die Königin weiß genug!
  (Offizier geht ab)
ELISABETH. O welcher Abgrund von Abscheulichkeiten –
LEICESTER. Wer war's nun, der dich rettete? War es
Mylord von Burleigh? Wusst' er die Gefahr,
Die dich umgab? War er's, der sie von dir
Gewandt? – Dein treuer Leicester war dein Engel!
BURLEIGH.
Graf. Dieser Mortimer starb Euch sehr gelegen.

ELISABETH.
>Ich weiß nicht, was ich sagen soll. Ich glaub Euch
>Und glaub Euch nicht. Ich denke, Ihr seid schuldig
>Und seid es nicht! O die Verhasste, die
>Mir all dies Weh bereitet!

LEICESTER. Sie muss sterben.
>Jetzt stimm ich selbst für ihren Tod. Ich riet
>Dir an, das Urteil unvollstreckt zu lassen,
>Bis sich aufs Neu ein Arm für sie erhübe.
>Dies ist geschehn – und ich bestehe drauf,
>Dass man das Urteil ungesäumt vollstrecke.

BURLEIGH. Ihr rietet dazu! Ihr!

LEICESTER. So sehr es mich
>Empört, zu einem Äußersten zu greifen,
>Ich sehe nun und glaube, dass die Wohlfahrt
>Der Königin dies blut'ge Opfer heischt,
>Drum trag ich darauf an, dass der Befehl
>Zur Hinrichtung gleich ausgefertigt werde!

BURLEIGH *(zur Königin).*
>Da es Mylord so treu und ernstlich meint,
>So trag i c h darauf an, dass die Vollstreckung
>Des Richterspruchs ihm übertragen werde.

LEICESTER. Mir!

BURLEIGH. Euch. Nicht besser könnt Ihr den Verdacht,
>Der jetzt noch auf Euch lastet, widerlegen,
>Als wenn Ihr s i e, die Ihr geliebt zu haben
>Beschuldigt werdet, selbst enthaupten lasset.

ELISABETH *(Leicestern mit den Augen fixierend).*
>Mylord rät gut. So sei's, und dabei bleib es.

LEICESTER. Mich sollte billig meines Ranges Höh
>Von einem Auftrag dieses traur'gen Inhalts
>Befrein, der sich in jedem Sinne besser
>Für einen Burleigh ziemen mag als mich.
>Wer seiner Königin so nahe steht,
>Der sollte nichts Unglückliches vollbringen.
>Jedoch um meinen Eifer zu bewähren,
>Um meiner Königin genugzutun,
>Begeb ich mich des Vorrechts meiner Würde
>Und übernehme die verhasste Pflicht.

ELISABETH. Lord Burleigh teile sie mit Euch!
>*(Zu diesem)* Tragt Sorge,
>Dass der Befehl gleich ausgefertigt werde.
>*(Burleigh geht. Man hört draußen ein Getümmel)*

SIEBENTER AUFTRITT

Graf von Kent zu den Vorigen.

ELISABETH.
  Was gibt's, Mylord von Kent? Was für ein Auflauf
  Erregt die Stadt – Was ist es?
KENT.   Königin,
  Es ist das Volk, das den Palast umlagert,
  Es fodert heftig dringend dich zu sehn.
ELISABETH. Was will mein Volk?   3055
KENT.   Der Schrecken geht durch London,
  Dein Leben sei bedroht, es gehen Mörder
  Umher, vom Papste wider dich gesendet.
  Verschworen seien die Katholischen,
  Die Stuart aus dem Kerker mit Gewalt
  Zu reißen und zur Königin auszurufen.   3060
  Der Pöbel glaubt's und wütet. Nur das Haupt
  Der Stuart, das noch heute fällt, kann ihn
  Beruhigen.
ELISABETH. Wie? Soll mir Zwang geschehn?
KENT. Sie sind entschlossen, eher nicht zu weichen,
  Bis du das Urteil unterzeichnet hast.   3065

ACHTER AUFTRITT

Burleigh und Davison mit einer Schrift.
Die Vorigen.

ELISABETH. Was bringt Ihr, Davison?
DAVISON *(nähert sich, ernsthaft).*   Du hast befohlen,
  O Königin –
ELISABETH. Was ist's? *(Indem sie die Schrift ergreifen will,*
  schauert sie zusammen und fährt zurück)
                      O Gott!
BURLEIGH.   Gehorche
  Der Stimme des Volks, sie ist die Stimme Gottes.
ELISABETH *(unentschlossen mit sich selbst kämpfend).*
  O meine Lords! Wer sagt mir, ob ich wirklich
  Die Stimme meines ganzen Volks, die Stimme   3070
  Der Welt vernehme! Ach wie sehr befürcht ich,
  Wenn ich dem Wunsch der Menge nun gehorcht,

Dass eine ganz verschiedne Stimme sich
Wird hören lassen – ja dass eben die,
Die jetzt gewaltsam zu der Tat mich treiben,
Mich, wenn's vollbracht ist, strenge tadeln werden!

NEUNTER AUFTRITT

Graf Shrewsbury zu den Vorigen.

SHREWSBURY *(kommt in großer Bewegung).*
  Man will dich übereilen, Königin!
  O halte fest, sei standhaft –
  (Indem er Davison mit der Schrift gewahr wird)
                    Oder ist es
  Geschehen? Ist es wirklich? Ich erblicke
  Ein unglückselig Blatt in dieser Hand,
  Das komme meiner Königin jetzt nicht
  Vor Augen.
ELISABETH. Edler Shrewsbury! Man zwingt mich.
SHREWSBURY. Wer kann dich zwingen? Du bist Herrscherin,
  Hier gilt es, deine Majestät zu zeigen!
  Gebiete Schweigen jenen rohen Stimmen,
  Die sich erdreisten, deinem Königswillen
  Zwang anzutun, dein Urteil zu regieren.
  Die Furcht, ein blinder Wahn bewegt das Volk,
  Du selbst bist außer dir, bist schwer gereizt,
  Du bist ein Mensch, und jetzt kannst du nicht richten.
BURLEIGH. Gerichtet ist schon längst. Hier ist kein Urteil
  Zu fällen, zu vollziehen ist's.
KENT *(der sich bei Shrewsburys Eintritt entfernt hat, kommt zurück).* Der Auflauf wächst, das Volk ist länger nicht
  Zu bändigen.
ELISABETH *(zu Shrewsbury).* Ihr seht, wie sie mich drängen!
SHREWSBURY. Nur Aufschub fodr' ich. Dieser Federzug
  Entscheidet deines Lebens Glück und Frieden.
  Du hast es jahrelang bedacht, soll dich
  Der Augenblick im Sturme mit sich führen?
  Nur kurzen Aufschub. Sammle dein Gemüt,
  Erwarte eine ruhigere Stunde.
BURLEIGH *(heftig).* Erwarte, zögre, säume, bis das Reich
  In Flammen steht, bis es der Feindin endlich
  Gelingt, den Mordstreich wirklich zu vollführen.

Dreimal hat ihn ein Gott von dir entfernt.
Heut hat er nahe dich berührt, noch einmal
Ein Wunder hoffen, hieße Gott versuchen.
SHREWSBURY. Der Gott, der dich durch seine Wunderhand
Viermal erhielt, der heut dem schwachen Arm
Des Greisen Kraft gab, einen Wütenden
Zu überwält'gen – er verdient Vertrauen!
Ich will die Stimme der Gerechtigkeit
Jetzt nicht erheben, jetzt ist nicht die Zeit,
Du kannst in diesem Sturme sie nicht hören.
Dies eine nur vernimm! Du zitterst jetzt
Vor dieser lebenden Maria. Nicht
Die Lebende hast du zu fürchten. Zittre vor
Der Toten, der Enthaupteten. Sie wird
Vom Grab erstehen, eine Zwietrachtsgöttin,
Ein Rachegeist in deinem Reich herumgehn,
Und deines Volkes Herzen von dir wenden.
Jetzt hasst der Brite die Gefürchtete,
Er wird sie rächen, wenn sie nicht mehr ist.
Nicht mehr die Feindin seines Glaubens, nur
Die Enkeltochter seiner Könige,
Des Hasses Opfer und der Eifersucht
Wird er in der Bejammerten erblicken!
Schnell wirst du die Veränderung erfahren.
Durchziehe London, wenn die blut'ge Tat
Geschehen, zeige dich dem Volk, das sonst
Sich jubelnd um dich her ergoss, du wirst
Ein andres England sehn, ein andres Volk,
Denn dich umgibt nicht mehr die herrliche
Gerechtigkeit, die alle Herzen dir
Besiegte! Furcht, die schreckliche Begleitung
Der Tyrannei, wird schaudernd vor dir herziehn
Und jede Straße, wo du gehst, veröden.
Du hast das Letzte, Äußerste getan,
Welch Haupt steht fest, wenn dieses heil'ge fiel!
ELISABETH. Ach Shrewsbury! Ihr habt mir heut das Leben
Gerettet, habt des Mörders Dolch von mir
Gewendet – Warum ließet Ihr ihm nicht
Den Lauf? So wäre jeder Streit geendigt,
Und alles Zweifels ledig, rein von Schuld,
Läg ich in meiner stillen Gruft! Fürwahr!
Ich bin des Lebens und des Herrschens müd.
Muss eine von uns Königinnen fallen,

Damit die andre lebe – und es ist
Nicht anders, das erkenn ich – kann denn ich
Nicht d i e sein, welche weicht? Mein Volk mag wählen,
Ich geb ihm seine Majestät zurück.
Gott ist mein Zeuge, dass ich nicht für mich,
Nur für das Beste meines Volks gelebt.
Hofft es von dieser schmeichlerischen Stuart,
Der jüngern Königin, glücklichere Tage,
So steig ich gern von diesem Thron und kehre
In Woodstocks stille Einsamkeit zurück,
Wo meine anspruchslose Jugend lebte,
Wo ich, vom Tand der Erdengröße fern,
Die Hoheit in mir selber fand – Bin ich
Zur Herrscherin doch nicht gemacht! Der Herrscher
Muss hart sein können, und mein Herz ist weich.
Ich habe diese Insel lange glücklich
Regiert, weil ich nur brauchte zu beglücken.
Es kommt die erste schwere Königspflicht,
Und ich empfinde meine Ohnmacht –

BURLEIGH. Nun bei Gott!
Wenn ich so ganz unkönigliche Worte
Aus meiner Königin Mund vernehmen muss,
So wär's Verrat an meiner Pflicht, Verrat
Am Vaterlande, länger stillzuschweigen.
– Du sagst, du liebst dein Volk mehr als dich selbst,
Das zeige jetzt! Erwähle nicht den Frieden
Für d i c h und überlass das Reich den Stürmen.
– Denk an die Kirche! Soll mit dieser Stuart
Der alte Aberglaube wiederkehren?
Der Mönch aufs Neu hier herrschen, der Legat
Aus Rom gezogen kommen, unsre Kirchen
Verschließen, unsre Könige entthronen?
– Die Seelen aller deiner Untertanen,
Ich fodre sie von d i r – Wie du jetzt handelst,
Sind sie gerettet oder sind verloren.
Hier ist nicht Zeit zu weichlichem Erbarmen,
Des Volkes Wohlfahrt ist die höchste Pflicht;
Hat Shrewsbury das Leben dir gerettet,
So will i c h England retten – das ist mehr!

ELISABETH.
Man überlasse mich mir selbst! Bei Menschen ist
Nicht Rat noch Trost in dieser großen Sache.
Ich trage sie dem höhern Richter vor.

Was der mich lehrt, das will ich tun – Entfernt euch,
Mylords!
(Zu Davison) Ihr, Sir! könnt in der Nähe bleiben!
(Die Lords gehen ab. Shrewsbury allein bleibt noch einige Augenblicke vor der Königin stehen, mit bedeutungsvollem Blick, dann entfernt er sich langsam, mit einem Ausdruck des tiefsten Schmerzes.)

ZEHNTER AUFTRITT

ELISABETH *(allein)*.
   O Sklaverei des Volksdiensts! Schmähliche
Knechtschaft – Wie bin ich's müde, diesem Götzen
Zu schmeicheln, den mein Innerstes verachtet!
Wann soll ich frei auf diesem Throne stehn!
Die Meinung muss ich ehren, um das Lob
Der Menge buhlen, einem Pöbel muss ich's
Recht machen, dem der Gaukler nur gefällt.
O der ist noch nicht König, der der Welt
Gefallen muss! Nur der ist's, der bei seinem Tun
Nach keines Menschen Beifall braucht zu fragen.
   Warum hab ich Gerechtigkeit geübt,
Willkür gehasst mein Leben lang, dass ich
Für diese erste unvermeidliche
Gewalttat selbst die Hände mir gefesselt!
Das Muster, das ich selber gab, verdammt mich!
War ich tyrannisch, wie die spanische
Maria war, mein Vorfahr auf dem Thron, ich könnte
Jetzt ohne Tadel Königsblut verspritzen!
Doch war's denn meine eigne freie Wahl,
Gerecht zu sein? Die allgewaltige
Notwendigkeit, die auch das freie Wollen
Der Könige zwingt, gebot mir diese Tugend.
   Umgeben rings von Feinden, hält mich nur
Die Volksgunst auf dem angefochtnen Thron.
Mich zu vernichten streben alle Mächte
Des festen Landes. Unversöhnlich schleudert
Der röm'sche Papst den Bannfluch auf mein Haupt.
Mit falschem Bruderkuss verrät mich Frankreich,
Und offnen, wütenden Vertilgungskrieg
Bereitet mir der Spanier auf den Meeren.
So steh ich kämpfend gegen eine Welt,

Ein wehrlos Weib! Mit hohen Tugenden
Muss ich die Blöße meines Rechts bedecken,
Den Flecken meiner fürstlichen Geburt,
Wodurch der eigne Vater mich geschändet.
Umsonst bedeck ich ihn – Der Gegner Hass
Hat ihn entblößt und stellt mir diese Stuart,
Ein ewig drohendes Gespenst, entgegen.
　　Nein, diese Furcht soll endigen!
Ihr Haupt soll fallen. Ich will Frieden haben!
– Sie ist die Furie meines Lebens! Mir
Ein Plagegeist vom Schicksal angeheftet.
Wo ich mir eine Freude, eine Hoffnung
Gepflanzt, da liegt die Höllenschlange mir
Im Wege. Sie entreißt mir den Geliebten,
Den Bräut'gam raubt sie mir! Maria Stuart
Heißt jedes Unglück, das mich niederschlägt!
Ist sie aus den Lebendigen vertilgt,
Frei bin ich, wie die Luft auf den Gebirgen. *(Stillschweigen)*
Mit welchem Hohn sie auf mich niedersah,
Als sollte mich der Blick zu Boden blitzen!
Ohnmächtige! Ich führe bessre Waffen,
Sie treffen tödlich, und du bist nicht mehr! *(Mit raschem Schritt nach dem Tische gehend und die Feder ergreifend)*
Ein Bastard bin ich dir? – Unglückliche!
Ich bin es nur, solang du lebst und atmest.
Der Zweifel meiner fürstlichen Geburt,
Er ist getilgt, sobald ich dich vertilge.
Sobald dem Briten keine Wahl mehr bleibt,
Bin ich im echten Ehebett geboren! *(Sie unterschreibt mit einem raschen, festen Federzug, lässt dann die Feder fallen und tritt mit einem Ausdruck des Schreckens zurück. Nach einer Pause klingelt sie.)*

ELFTER AUFTRITT

Elisabeth. Davison.

ELISABETH. Wo sind die andern Lords?
DAVISON.　　　　　　　　　　　Sie sind gegangen,
Das aufgebrachte Volk zur Ruh zu bringen.
Das Toben war auch augenblicks gestillt,
Sobald der Graf von Shrewsbury sich zeigte.

„Der ist's, das ist er!", riefen hundert Stimmen,
„Der rettete die Königin! Hört ihn!
Den bravsten Mann in England." Nun begann
Der edle Talbot und verwies dem Volk
In sanften Worten sein gewaltsames
Beginnen, sprach so kraftvoll überzeugend,
Dass alles sich besänftigte und still
Vom Platze schlich.
ELISABETH.   Die wankelmüt'ge Menge,
Die jeder Wind herumtreibt! Wehe dem,
Der auf dies Rohr sich lehnet! – Es ist gut,
Sir Davison. Ihr könnt nun wieder gehn.
(Wie sich jener nach der Tür gewendet)
Und dieses Blatt – Nehmt es zurück – Ich leg's
In Eure Hände.
DAVISON *(wirft einen Blick in das Papier und erschrickt)*.
              Königin! Dein Name!
Du hast entschieden?
ELISABETH   – Unterschreiben sollt' ich.
Ich hab's getan. Ein Blatt Papier entscheidet
Noch nicht, ein Name tötet nicht.
DAVISON. Dein Name, Königin, unter dieser Schrift
Entscheidet alles, tötet, ist ein Strahl
Des Donners, der geflügelt trifft – Dies Blatt
Befiehlt den Kommissarien, dem Sheriff,
Nach Fotheringhayschloss sich stehnden Fußes
Zur Königin von Schottland zu verfügen,
Den Tod ihr anzukündigen, und schnell,
Sobald der Morgen tagt, ihn zu vollziehn.
Hier ist kein Aufschub, jene hat gelebt,
Wenn ich dies Blatt aus meinen Händen gebe.
ELISABETH. Ja, Sir! Gott legt ein wichtig groß Geschick
In Eure schwachen Hände. Fleht ihn an,
Dass er mit seiner Weisheit Euch erleuchte.
Ich geh und überlass Euch Eurer Pflicht. *(Sie will gehen)*
DAVISON *(tritt ihr in den Weg)*.
Nein, meine Königin! Verlass mich nicht,
Eh du mir deinen Willen kundgetan.
Bedarf es hier noch einer andern Weisheit,
Als dein Gebot buchstäblich zu befolgen?
– Du legst dies Blatt in meine Hand, dass ich
Zu schleuniger Vollziehung es befördre?
ELISABETH. Das werdet Ihr nach Eurer Klugheit –

DAVISON *(schnell und erschrocken einfallend).*   Nicht
Nach meiner! Das verhüte Gott! Gehorsam
Ist meine ganze Klugheit. Deinem Diener
Darf hier nichts zu entscheiden übrig bleiben.
Ein klein Versehn wär hier ein Königsmord,
Ein unabsehbar, ungeheures Unglück.
Vergönne mir, in dieser großen Sache
Dein blindes Werkzeug willenlos zu sein.
In klare Worte fasse deine Meinung,
Was soll mit diesem Blutbefehl geschehn?
ELISABETH. – Sein Name spricht es aus.
DAVISON. So willst du, dass er gleich vollzogen werde?
ELISABETH *(zögernd).*
Das sag ich nicht, und zittre, es zu denken.
DAVISON. Du willst, dass ich ihn länger noch bewahre?
ELISABETH *(schnell).*
Auf Eure Gefahr! Ihr haftet für die Folgen.
DAVISON.
Ich? Heil'ger Gott! – Sprich, Königin! Was willst du?
ELISABETH *(ungeduldig).*
Ich will, dass dieser unglücksel'gen Sache
Nicht mehr gedacht soll werden, dass ich endlich
Will Ruhe davor haben und auf ewig.
DAVISON. Es kostet dich ein einzig Wort. O sage,
Bestimme, was mit dieser Schrift soll werden!
ELISABETH.
Ich hab's gesagt, und quält mich nun nicht weiter.
DAVISON. Du hättest es gesagt? Du hast mir nichts
Gesagt – Oh, es gefalle meiner Königin,
Sich zu erinnern.
ELISABETH *(stampft auf den Boden).*
      Unerträglich!
DAVISON.   Habe Nachsicht
Mit mir! Ich kam seit wenig Monden erst
In dieses Amt! Ich kenne nicht die Sprache
Der Höfe und der Könige – in schlicht
Einfacher Sitte bin ich aufgewachsen.
Drum habe du Geduld mit deinem Knecht!
Lass dich das Wort nicht reun, das mich belehrt,
Mich klar macht über meine Pflicht – *(Er nähert sich ihr in flehender Stellung, sie kehrt ihm den Rücken zu, er steht in Verzweiflung, dann spricht er mit entschlossnem Ton)*
Nimm dies Papier zurück! Nimm es zurück!

Es wird mir glühend Feuer in den Händen.
Nicht mich erwähle, dir in diesem furchtbaren
Geschäft zu dienen.
ELISABETH. Tut, was Eures Amtes ist. *(Sie geht ab)*

ZWÖLFTER AUFTRITT

Davison, gleich darauf Burleigh.

DAVISON. Sie geht! Sie lässt mich ratlos, zweifelnd stehn
   Mit diesem fürchterlichen Blatt – Was tu ich?
   Soll ich's bewahren? Soll ich's übergeben?
   (Zu Burleigh, der hereintritt)
   O gut! gut, dass Ihr kommt, Mylord! Ihr seid's,
   Der mich in dieses Staatsamt eingeführt!
   Befreiet mich davon. Ich übernahm es,
   Unkundig seiner Rechenschaft! Lasst mich
   Zurückgehn in die Dunkelheit, wo Ihr
   Mich fandet, ich gehöre nicht auf diesen Platz –
BURLEIGH. Was ist Euch, Sir? Fasst Euch. Wo ist das Urteil?
   Die Königin ließ Euch rufen.
DAVISON.   Sie verließ mich
   In heft'gem Zorn. O ratet mir! Helft mir!
   Reißt mich aus dieser Höllenangst des Zweifels.
   Hier ist das Urteil – Es ist unterschrieben.
BURLEIGH *(hastig)*. Ist es? O gebt! Gebt her!
DAVISON.   Ich darf nicht.
BURLEIGH.   Was?
DAVISON. Sie hat mir ihren Willen noch nicht deutlich –
BURLEIGH. Nicht deutlich! Sie hat unterschrieben. Gebt!
DAVISON. Ich soll's vollziehen lassen – soll es nicht
   Vollziehen lassen – Gott! Weiß ich, was ich soll?
BURLEIGH *(heftiger dringend)*.
   Gleich, augenblicks sollt Ihr's vollziehen lassen.
   Gebt her! Ihr seid verloren, wenn Ihr säumt.
DAVISON. Ich bin verloren, wenn ich's übereile.
BURLEIGH. Ihr seid ein Tor, Ihr seid von Sinnen! Gebt!
   (Er entreißt ihm die Schrift und eilt damit ab)
DAVISON *(ihm nacheilend)*.
   Was macht Ihr? Bleibt! Ihr stürzt mich ins Verderben.

FÜNFTER AUFZUG

Die Szene ist das Zimmer des ersten Aufzugs

ERSTER AUFTRITT

Hanna Kennedy in tiefe Trauer gekleidet, mit verweinten Augen und einem großen, aber stillen Schmerz, ist beschäftigt, Pakete und Briefe zu versiegeln. Oft unterbricht sie der Jammer in ihrem Geschäft, und man sieht sie dazwischen still beten. Paulet und Drury, gleichfalls in schwarzen Kleidern, treten ein, ihnen folgen viele Bediente, welche goldne und silberne Gefäße, Spiegel, Gemälde und andere Kostbarkeiten tragen und den Hintergrund des Zimmers damit anfüllen. Paulet überliefert der Amme ein Schmuckkästchen nebst einem Papier und bedeutet ihr durch Zeichen, dass es ein Verzeichnis der gebrachten Dinge enthalte. Beim Anblick dieser Reichtümer erneuert sich der Schmerz der Amme, sie versinkt in ein tiefes Trauern, indem jene sich still wieder entfernen.

Melvil tritt ein.

KENNEDY *(schreit auf, sobald sie ihn gewahr wird).*
   Melvil! Ihr seid es! Euch erblick ich wieder!
MELVIL. Ja, treue Kennedy, wir sehn uns wieder!
KENNEDY. Nach langer, langer, schmerzenvoller Trennung!
MELVIL. Ein unglückselig schmerzvoll Wiedersehn!
KENNEDY. O Gott! Ihr kommt –
MELVIL.   Den letzten, ewigen
   Abschied von meiner Königin zu nehmen.
KENNEDY. Jetzt endlich, jetzt am Morgen ihres Todes,
   Wird ihr die lang entbehrte Gegenwart
   Der Ihrigen vergönnt – O teurer Sir.
   Ich will nicht fragen, wie es Euch erging,
   Euch nicht die Leiden nennen, die wir litten,
   Seitdem man Euch von unsrer Seite riss,
   Ach, dazu wird wohl einst die Stunde kommen!
   O Melvil! Melvil! Mussten wir's erleben,
   Den Anbruch dieses Tags zu sehn!
MELVIL.   Lasst uns
   Einander nicht erweichen! Weinen will ich,
   Solang noch Leben in mir ist, nie soll
   Ein Lächeln diese Wangen mehr erheitern,
   Nie will ich dieses nächtliche Gewand

Mehr von mir legen! Ewig will ich trauern,
Doch heute will ich standhaft sein – Versprecht
Auch Ihr mir, Euren Schmerz zu mäßigen – 3370
Und wenn die andern alle der Verzweiflung
Sich trostlos überlassen, lasset uns
Mit männlich edler Fassung ihr vorangehn
Und ihr ein Stab sein auf dem Todesweg!
KENNEDY. Melvil! Ihr seid im Irrtum, wenn Ihr glaubt, 3375
Die Königin bedürfe unsers Beistands,
Um standhaft in den Tod zu gehn! Sie selber ist's,
Die uns das Beispiel edler Fassung gibt.
Seid ohne Furcht! Maria Stuart wird
Als eine Königin und Heldin sterben. 3380
MELVIL. Nahm sie die Todespost mit Fassung auf?
Man sagt, dass sie nicht vorbereitet war.
KENNEDY. Das war sie nicht. Ganz andre Schrecken waren's,
Die meine Lady ängstigten. Nicht vor dem Tod,
Vor dem Befreier zitterte Maria. 3385
– Freiheit war uns verheißen. Diese Nacht
Versprach uns Mortimer von hier wegzuführen,
Und zwischen Furcht und Hoffnung, zweifelhaft,
Ob sie dem kecken Jüngling ihre Ehre
Und fürstliche Person vertrauen dürfe, 3390
Erwartete die Königin den Morgen.
– Da wird ein Auflauf in dem Schloss, ein Pochen
Schreckt unser Ohr und vieler Hämmer Schlag,
Wir glauben, die Befreier zu vernehmen,
Die Hoffnung winkt, der süße Trieb des Lebens 3395
Wacht unwillkürlich, allgewaltig auf –
Da öffnet sich die Tür – Sir Paulet ist's,
Der uns verkündet – dass – die Zimmerer
Zu unsern Füßen das Gerüst aufschlagen!
(Sie wendet sich ab, von heftigem Schmerz ergriffen)
MELVIL. Gerechter Gott! O sagt mir! Wie ertrug 3400
Maria diesen fürchterlichen Wechsel?
KENNEDY.
(nach einer Pause, worin sie sich wieder etwas gefasst hat).
Man löst sich nicht allmählich von dem Leben!
Mit einem Mal, schnell, augenblicklich muss
Der Tausch geschehen zwischen Zeitlichem
Und Ewigem, und Gott gewährte meiner Lady 3405
In diesem Augenblick, der Erde Hoffnung
Zurückzustoßen mit entschlossner Seele

Und glaubenvoll den Himmel zu ergreifen.
Kein Merkmal bleicher Furcht, kein Wort der Klage
Entehrte meine Königin – Dann erst,
Als sie Lord Leicesters schändlichen Verrat
Vernahm, das unglückselige Geschick
Des werten Jünglings, der sich ihr geopfert,
Des alten Ritters tiefen Jammer sah,
Dem seine letzte Hoffnung starb durch sie,
Da flossen ihre Tränen, nicht das eigne Schicksal,
Der fremde Jammer presste sie ihr ab.

MELVIL. Wo ist sie jetzt? Könnt Ihr mich zu ihr bringen?

KENNEDY. Den Rest der Nacht durchwachte sie mit Beten,
Nahm von den teuern Freunden schriftlich Abschied
Und schrieb ihr Testament mit eigner Hand.
Jetzt pflegt sie einen Augenblick der Ruh,
Der letzte Schlaf erquickt sie.

MELVIL. Wer ist bei ihr?

KENNEDY. Ihr Leibarzt Burgoyn und ihre Frauen.

ZWEITER AUFTRITT

Margareta Kurl zu den Vorigen.

KENNEDY. Was bringt Ihr, Mistress? Ist die Lady wach?

KURL *(ihre Tränen trocknend).*
Schon angekleidet – Sie verlangt nach Euch.

KENNEDY. Ich komme. *(Zu Melvil, der sie begleiten will)*
Folgt mir nicht, bis ich die Lady
Auf Euren Anblick vorbereitet. *(Geht hinein)*

KURL. Melvil!
Der alte Haushofmeister!

MELVIL. Ja, der bin ich!

KURL. O dieses Haus braucht keines Meisters mehr!
– Melvil! Ihr kommt von London, wisst Ihr mir
Von meinem Manne nichts zu sagen?

MELVIL. Er wird auf freien Fuß gesetzt, sagt man,
Sobald –

KURL. Sobald die Königin nicht mehr ist;
O der nichtswürdig schändliche Verräter!
Er ist der Mörder dieser teuren Lady,
Sein Zeugnis, sagt man, habe sie verurteilt.

MELVIL. So ist's.

KURL. O seine Seele sei verflucht
Bis in die Hölle! Er hat falsch gezeugt –
MELVIL. Mylady Kurl! Bedenket Eure Reden.
KURL. Beschwören will ich's vor Gerichtes Schranken,
Ich will es ihm ins Antlitz wiederholen,
Die ganze Welt will ich damit erfüllen.
Sie stirbt unschuldig –
MELVIL. O das gebe Gott!

DRITTER AUFTRITT

Burgoyn zu den Vorigen.
Hernach Hanna Kennedy.

BURGOYN *(erblickt Melvil)*. O Melvil!
MELVIL *(ihn umarmend)*. Burgoyn!
BURGOYN *(zu Margareta Kurl)*. Besorget einen Becher
Mit Wein für unsre Lady. Machet hurtig. *(Kurl geht ab)*
MELVIL. Wie? Ist der Königin nicht wohl?
BURGOYN. Sie fühlt sich stark, sie täuscht ihr Heldenmut,
Und keine Speise glaubt sie zu bedürfen,
Doch ihrer wartet noch ein schwerer Kampf,
Und ihre Feinde sollen sich nicht rühmen,
Dass Furcht des Todes ihre Wangen bleichte,
Wenn die Natur aus Schwachheit unterliegt.
MELVIL *(zur Amme, die hereintritt)*.
Will sie mich sehn?
KENNEDY. Gleich wird sie selbst hier sein.
– Ihr scheint Euch mit Verwundrung umzusehn,
Und Eure Blicke fragen mich: was soll
Das Prachtgerät in diesem Ort des Todes?
– O Sir! Wir litten Mangel, da wir lebten,
Erst mit dem Tode kommt der Überfluss zurück.

VIERTER AUFTRITT

*Vorige. Zwei andre Kammerfrauen der Maria,
gleichfalls in Trauerkleidern. Sie brechen bei Melvils Anblick
in laute Tränen aus.*

MELVIL. Was für ein Anblick! Welch ein Wiedersehn!
    Gertrude! Rosamund!
ZWEITE KAMMERFRAU. Sie hat uns von sich
    Geschickt! Sie will zum letzten Mal allein
    Mit Gott sich unterhalten!
    *(Es kommen noch zwei weibliche Bediente, wie die Vorigen in
    Trauer, die mit stummen Gebärden ihren Jammer ausdrücken)*

FÜNFTER AUFTRITT

*Margareta Kurl zu den Vorigen. Sie trägt einen goldnen
Becher mit Wein und setzt ihn auf den Tisch, indem sie sich bleich
und zitternd an einen Stuhl hält.*

MELVIL. Was ist Euch, Mistress? Was entsetzt Euch so?
KURL. O Gott!
BURGOYN.   Was habt Ihr?
KURL.   Was musst' ich erblicken!
MELVIL. Kommt zu Euch! Sagt uns, was es ist.
KURL.   Als ich
    Mit diesem Becher Wein die große Treppe
    Heraufstieg, die zur untern Halle führt,
    Da tat die Tür sich auf – ich sah hinein –
    Ich sah – o Gott!
MELVIL.   Was saht ihr? Fasset Euch!
KURL. Schwarz überzogen waren alle Wände,
    Ein groß Gerüst, mit schwarzem Tuch beschlagen,
    Erhob sich von dem Boden, mittendrauf
    Ein schwarzer Block, ein Kissen und daneben
    Ein blank geschliffnes Beil – Voll Menschen war
    Der Saal, die um das Mordgerüst sich drängten,
    Und, heiße Blutgier in dem Blick, das Opfer
    Erwarteten.
DIE KAMMERFRAUEN. O Gott sei unsrer Lady gnädig!
MELVIL. Fasst Euch! Sie kommt!

SECHSTER AUFTRITT

Die Vorigen. Maria. Sie ist weiß und festlich gekleidet, am Halse trägt sie an einer Kette von kleinen Kugeln ein Agnus Dei, ein Rosenkranz hängt am Gürtel herab, sie hat ein Kruzifix in der Hand und ein Diadem in den Haaren, ihr großer schwarzer Schleier ist zurückgeschlagen. Bei ihrem Eintritt weichen die Anwesenden zu beiden Seiten zurück und drücken den heftigsten Schmerz aus. Melvil ist mit einer unwillkürlichen Bewegung auf die Knie gesunken.

MARIA *(mit ruhiger Hoheit im ganzen Kreise herumsehend).*
   Was klagt ihr? Warum weint ihr? Freuen solltet 3480
   Ihr euch mit mir, dass meiner Leiden Ziel
   Nun endlich naht, dass meine Bande fallen,
   Mein Kerker aufgeht und die frohe Seele sich
   Auf Engelsflügeln schwingt zur ew'gen Freiheit.
   Da, als ich in die Macht der stolzen Feindin 3485
   Gegeben war, Unwürdiges erduldend,
   Was einer freien großen Königin
   Nicht ziemt, da war es Zeit, um mich zu weinen!
   – Wohltätig, heilend, nahet mir der Tod,
   Der ernste Freund! Mit seinen schwarzen Flügeln 3490
   Bedeckt er meine Schmach – den Menschen adelt,
   Den tiefstgesunkenen, das letzte Schicksal.
   Die Krone fühl ich wieder auf dem Haupt,
   Den würd'gen Stolz in meiner edeln Seele!
   (Indem sie einige Schritte weiter vortritt)
   Wie? Melvil hier? – Nicht also, edler Sir! 3495
   Steht auf! Ihr seid zu Eurer Königin
   Triumph, zu ihrem Tode nicht gekommen.
   Mir wird ein Glück zuteil, wie ich es nimmer
   Gehoffet, dass mein Nachruhm doch nicht ganz
   In meiner Feinde Händen ist, dass doch 3500
   Ein Freund mir, ein Bekenner meines Glaubens,
   Als Zeuge dasteht in der Todesstunde.
   – Sagt, edler Ritter! Wie erging es Euch
   In diesem feindlichen, unholden Lande,
   Seitdem man Euch von meiner Seite riss? 3505
   Die Sorg um Euch hat oft mein Herz bekümmert.
MELVIL. Mich drückte sonst kein Mangel, als der Schmerz
   Um dich, um meine Ohnmacht, dir zu dienen!
MARIA. Wie steht's um Didier, meinen alten Kämmrer?

Doch der Getreue schläft wohl lange schon
Den ew'gen Schlaf, denn er war hoch an Jahren.
MELVIL. Gott hat ihm diese Gnade nicht erzeigt,
Er lebt, um deine Jugend zu begraben.
MARIA. Dass mir vor meinem Tode noch das Glück
Geworden wäre, ein geliebtes Haupt
Der teuern Blutsverwandten zu umfassen!
Doch ich soll sterben unter Fremdlingen,
Nur eure Tränen soll ich fließen sehn!
– Melvil, die letzten Wünsche für die Meinen
Leg ich in Eure treue Brust – Ich segne
Den allerchristlichen König, meinen Schwager,
Und Frankreichs ganzes königliches Haus –
Ich segne meinen Öhm, den Kardinal,
Und Heinrich Guise, meinen edlen Vetter.
Ich segne auch den Papst, den heiligen
Statthalter Christi, der mich wieder segnet,
Und den kathol'schen König, der sich edelmütig
Zu meinem Retter, meinem Rächer anbot –
Sie alle stehn in meinem Testament,
Sie werden die Geschenke meiner Liebe,
Wie arm sie sind, darum gering nicht achten.
(Sich zu ihren Dienern wendend)
Euch hab ich meinem königlichen Bruder
Von Frankreich anempfohlen, er wird sorgen
Für euch, ein neues Vaterland euch geben.
Und ist euch meine letzte Bitte wert,
Bleibt nicht in England, dass der Brite nicht
Sein stolzes Herz an eurem Unglück weide,
Nicht d i e im Staube seh, die m i r gedient.
Bei diesem Bildnis des Gekreuzigten
Gelobet mir, dies unglücksel'ge Land
Alsbald, wenn ich dahin bin, zu verlassen!
MELVIL *(berührt das Kruzifix).*
Ich schwöre dir's, im Namen dieser aller.
MARIA. Was ich, die Arme, die Beraubte, noch besaß,
Worüber mir vergönnt ist frei zu schalten,
Das hab ich unter euch verteilt, man wird,
Ich hoff es, meinen letzten Willen ehren.
Auch was ich auf dem Todeswege trage,
Gehöret euch – Vergönnet mir noch einmal
Der Erde Glanz auf meinem Weg zum Himmel!
(Zu den Fräulein)

Dir, meine Alix, Gertrud, Rosamund, 3550
Bestimm ich meine Perlen, meine Kleider,
Denn eure Jugend freut sich noch des Putzes.
Du, Margareta, hast das nächste Recht
An meine Großmut, denn ich lasse dich
Zurück als die Unglücklichste von allen. 3555
Dass ich des Gatten Schuld an dir nicht räche,
Wird mein Vermächtnis offenbaren – Dich,
O meine treue Hanna, reizet nicht
Der Wert des Goldes, nicht der Steine Pracht,
Dir ist das höchste Kleinod mein Gedächtnis. 3560
Nimm dieses Tuch! Ich hab's mit eigner Hand
Für dich gestickt in meines Kummers Stunden
Und meine heißen Tränen eingewoben.
Mit diesem Tuch wirst du die Augen mir verbinden,
Wenn es so weit ist – diesen letzten Dienst 3565
Wünsch ich von meiner Hanna zu empfangen.
KENNEDY. O Melvil! Ich ertrag es nicht!
MARIA. Kommt alle!
Kommt und empfangt mein letztes Lebewohl.
(Sie reicht ihre Hände hin, eins nach dem andern fällt ihr zu
Füßen und küsst die dargebotene Hand unter heftigem Weinen)
Leb wohl, Margreta – Alix, lebe wohl –
Dank, Burgoyn, für Eure treuen Dienste – 3570
Dein Mund brennt heiß, Gertrude – Ich bin viel
Gehasset worden, doch auch viel geliebt!
Ein edler Mann beglücke meine Gertrud,
Denn Liebe fodert dieses glühnde Herz –
Berta! Du hast das bessre Teil erwählt, 3575
Die keusche Braut des Himmels willst du werden!
O eile, dein Gelübde zu vollziehn!
Betrüglich sind die Güter dieser Erden,
Das lern an deiner Königin! – Nichts weiter!
Lebt wohl! Lebt wohl! Lebt ewig wohl! 3580
(Sie wendet sich schnell von ihnen, alle bis auf Melvil
entfernen sich)

SIEBENTER AUFTRITT

Maria. Melvil.

MARIA. Ich habe alles Zeitliche berichtigt
 Und hoffe keines Menschen Schuldnerin
 Aus dieser Welt zu scheiden – Eins nur ist's,
 Melvil, was der beklemmten Seele noch
 Verwehrt, sich frei und freudig zu erheben.
MELVIL. Entdecke mir's. Erleichtre deine Brust,
 Dem treuen Freund vertraue deine Sorgen.
MARIA. Ich stehe an dem Rand der Ewigkeit,
 Bald soll ich treten vor den höchsten Richter,
 Und noch hab ich den Heil'gen nicht versöhnt.
 Versagt ist mir der Priester meiner Kirche.
 Des Sakramentes heil'ge Himmelsspeise
 Verschmäh ich aus den Händen falscher Priester.
 Im Glauben meiner Kirche will ich sterben,
 Denn der allein ist's, welcher selig macht.
MELVIL. Beruhige dein Herz. Dem Himmel gilt
 Der feurig fromme Wunsch statt des Vollbringens.
 Tyrannenmacht kann nur die Hände fesseln,
 Des Herzens Andacht hebt sich frei zu Gott,
 Das Wort ist tot, der Glaube macht lebendig.
MARIA. Ach Melvil! Nicht allein genug ist sich
 Das Herz, ein irdisch Pfand bedarf der Glaube,
 Das hohe Himmlische sich zuzueignen.
 Drum ward der Gott zum Menschen und verschloss
 Die unsichtbaren himmlischen Geschenke
 Geheimnisvoll in einem sichtbarn Leib.
 – Die Kirche ist's, die heilige, die hohe,
 Die zu dem Himmel uns die Leiter baut,
 Die allgemeine, die kathol'sche heißt sie,
 Denn nur der Glaube aller stärkt den Glauben,
 Wo Tausende anbeten und verehren,
 Da wird die Glut zur Flamme, und beflügelt
 Schwingt sich der Geist in alle Himmel auf.
 – Ach die Beglückten, die das froh geteilte
 Gebet versammelt in dem Haus des Herrn!
 Geschmückt ist der Altar, die Kerzen leuchten,
 Die Glocke tönt, der Weihrauch ist gestreut,
 Der Bischof steht im reinen Messgewand,
 Er fasst den Kelch, er segnet ihn, er kündet

Das hohe Wunder der Verwandlung an, 3620
Und niederstürzt dem gegenwärt'gen Gotte
Das gläubig überzeugte Volk – Ach! Ich
Allein bin ausgeschlossen, nicht zu mir
In meinen Kerker dringt der Himmelssegen.
MELVIL. Er dringt zu dir! Er ist dir nah! Vertraue 3625
Dem Allvermögenden – der dürre Stab
Kann Zweige treiben in des Glaubens Hand!
Und der die Quelle aus dem Felsen schlug,
Kann dir im Kerker den Altar bereiten,
Kann diesen Kelch, die irdische Erquickung, 3630
Dir schnell in eine himmlische verwandeln.
(Er ergreift den Kelch, der auf dem Tische steht)
MARIA. Melvil! Versteh ich Euch? Ja! Ich versteh Euch!
Hier ist kein Priester, keine Kirche, kein
Hochwürdiges – Doch der Erlöser spricht:
„Wo zwei versammelt sind in meinem Namen, 3635
Da bin ich gegenwärtig unter ihnen."
Was weiht den Priester ein zum Mund des Herrn?
Das reine Herz, der unbefleckte Wandel.
– So seit Ihr mir, auch ungeweiht, ein Priester,
Ein Bote Gottes, der mir Frieden bringt. 3640
– Euch will ich meine letzte Beichte tun,
Und Euer Mund soll mir das Heil verkünden.
MELVIL. Wenn dich das Herz so mächtig dazu treibt,
So wisse, Königin, dass dir zum Troste
Gott auch ein Wunder wohl verrichten kann. 3645
Hier sei kein Priester, sagst du, keine Kirche,
Kein Leib des Herrn? – Du irrest dich. Hier ist
Ein Priester, und ein Gott ist hier zugegen.
*(Er entblößt bei diesen Worten das Haupt, zugleich zeigt
er ihr eine Hostie in einer goldnen Schale)*
– Ich bin ein Priester, deine letzte Beichte
Zu hören, dir auf deinem Todesweg 3650
Den Frieden zu verkündigen, hab ich
Die sieben Weihn auf meinem Haupt empfangen,
Und diese Hostie überbring ich dir
Vom heil'gen Vater, die er selbst geweihet.
MARIA. O so muss an der Schwelle selbst des Todes 3655
Mir noch ein himmlisch Glück bereitet sein!
Wie ein Unsterblicher auf goldnen Wolken
Herniederfährt, wie den Apostel einst
Der Engel führte aus des Kerkers Banden,

|3660| Ihn hält kein Riegel, keines Hüters Schwert,
Er schreitet mächtig durch verschlossne Pforten,
Und im Gefängnis steht er glänzend da,
So überrascht mich hier der Himmelsbote,
Da jeder ird'sche Retter mich getäuscht!
|3665| – Und Ihr, mein Diener einst, seid jetzt der Diener
Des höchsten Gottes, und sein heil'ger Mund!
Wie Eure Kniee sonst vor mir sich beugten,
So lieg ich jetzt im Staub vor Euch.
(Sie sinkt vor ihm nieder)
MELVIL *(indem er das Zeichen des Kreuzes über sie macht).*
                                      Im Namen
Des Vaters und des Sohnes und des Geistes!
|3670| Maria, Königin! Hast du dein Herz
Erforschet, schwörst du und gelobest du,
Wahrheit zu beichten vor dem Gott der Wahrheit?
MARIA. Mein Herz liegt offen da vor dir und ihm.
MELVIL. Sprich, welcher Sünde zeiht dich dein Gewissen,
|3675| Seitdem du Gott zum letzten Mal versöhnt?
MARIA. Von neid'schem Hasse war mein Herz erfüllt,
Und Rachgedanken tobten in dem Busen.
Vergebung hofft' ich Sünderin vor Gott
Und konnte nicht der Gegnerin vergeben.
|3680| MELVIL. Bereuest du die Schuld, und ist's dein ernster
Entschluss, versöhnt aus dieser Welt zu scheiden?
MARIA. So wahr ich hoffe, dass mir Gott vergebe.
MELVIL. Welch andrer Sünde klagt das Herz dich an?
MARIA. Ach, nicht durch Hass allein, durch sünd'ge Liebe
|3685| Noch mehr hab ich das höchste Gut beleidigt.
Das eitle Herz ward zu dem Mann gezogen,
Der treulos mich verlassen und betrogen!
MELVIL. Bereuest du die Schuld, und hat dein Herz
Vom eiteln Abgott sich zu Gott gewendet?
|3690| MARIA. Es war der schwerste Kampf, den ich bestand,
Zerrissen ist das letzte ird'sche Band.
MELVIL. Welch andrer Schuld verklagt dich dein Gewissen?
MARIA. Ach, eine frühe Blutschuld, längst gebeichtet,
Sie kehrt zurück mit neuer Schreckenskraft
|3695| Im Augenblick der letzten Rechenschaft
Und wälzt sich schwarz mir vor des Himmels Pforten.
Den König, meinen Gatten, ließ ich morden,
Und dem Verführer schenkt' ich Herz und Hand!
Streng büßt' ich's ab mit allen Kirchenstrafen,

Doch in der Seele will der Wurm nicht schlafen.
MELVIL. Verklagt das Herz dich keiner andern Sünde,
   Die du noch nicht gebeichtet und gebüßt?
MARIA. Jetzt weißt du alles, was mein Herz belastet.
MELVIL. Denk an die Nähe des Allwissenden!
   Der Strafen denke, die die heil'ge Kirche
   Der mangelhaften Beichte droht! Das ist
   Die Sünde zu dem ew'gen Tod, denn das
   Ist wider seinen Heil'gen Geist gefrevelt!
MARIA. So schenke mir die ew'ge Gnade Sieg
   Im letzten Kampf, als ich dir wissend nichts verschwieg.
MELVIL. Wie? deinem Gott verhehlst du das Verbrechen,
   Um dessentwillen dich die Menschen strafen?
   Du sagst mir nichts von deinem blut'gen Anteil
   An Babingtons und Parrys Hochverrat?
   Den zeitlichen Tod stirbst du für diese Tat,
   Willst du auch noch den ew'gen dafür sterben?
MARIA. Ich bin bereit, zur Ewigkeit zu gehn,
   Noch eh sich der Minutenzeiger wendet,
   Werd ich vor meines Richters Throne stehn,
   Doch wiederhol ich's, meine Beichte ist vollendet.
MELVIL. Erwäg es wohl. Das Herz ist ein Betrüger.
   Du hast vielleicht mit list'gem Doppelsinn
   Das W o r t vermieden, das dich schuldig macht,
   Obgleich der W i l l e das Verbrechen teilte.
   Doch wisse, keine Gaukelkunst berückt
   Das Flammenauge, das ins Innre blickt!
MARIA. Ich habe alle Fürsten aufgeboten,
   Mich aus unwürd'gen Banden zu befrein,
   Doch nie hab ich durch Vorsatz oder Tat
   Das Leben meiner Feindin angetastet!
MELVIL. So hätten deine Schreiber falsch gezeugt?
MARIA. Wie ich gesagt, so ist's. Was jene zeugten,
   Das richte Gott!
MELVIL.   So steigst du, überzeugt
   Von deiner Unschuld, auf das Blutgerüste?
MARIA. Gott würdigt mich, durch diesen unverdienten Tod
   Die frühe schwere Blutschuld abzubüßen.
MELVIL *(macht den Segen über sie).*
   So gehe hin, und sterbend büße sie!
   Sink, ein ergebnes Opfer, am Altare,
   Blut kann versöhnen, was das Blut verbrach,
   Du fehltest nur aus weiblichem Gebrechen,

Dem sel'gen Geiste folgen nicht die Schwächen
Der Sterblichkeit in die Verklärung nach.
Ich aber künde dir, kraft der Gewalt,
Die mir verliehen ist, zu lösen und zu binden,
Erlassung an von allen deinen Sünden!
Wie du geglaubet, so geschehe dir! *(Er reicht ihr die Hostie)*
Nimm hin den Leib, er ist für dich geopfert!
*(Er ergreift den Kelch, der auf dem Tische steht, konsekriert ihn
mit stillem Gebet, dann reicht er ihr denselben. Sie zögert, ihn
anzunehmen, und weist ihn mit der Hand zurück)*
Nimm hin das Blut, es ist für dich vergossen!
Nimm hin! Der Papst erzeigt dir diese Gunst!
Im Tode noch sollst du das höchste Recht
Der Könige, das priesterliche, üben! *(Sie empfängt den Kelch)*
Und wie du jetzt dich in dem ird'schen Leib
Geheimnisvoll mit deinem Gott verbunden,
So wirst du dort in seinem Freudenreich,
Wo keine Schuld mehr sein wird und kein Weinen,
Ein schön verklärter Engel, dich
Auf ewig mit dem Göttlichen vereinen.
*(Er setzt den Kelch nieder. Auf ein Geräusch, das gehört wird,
bedeckt er sich das Haupt und geht an die Türe, Maria bleibt in
stiller Andacht auf den Knien liegen)*
MELVIL *(zurückkommend)*.
Dir bleibt ein harter Kampf noch zu bestehn.
Fühlst du dich stark genug, um jede Regung
Der Bitterkeit, des Hasses zu besiegen?
MARIA. Ich fürchte keinen Rückfall. Meinen Hass
Und meine Liebe hab ich Gott geopfert.
MELVIL. Nun so bereite dich, die Lords von Leicester
Und Burleigh zu empfangen. Sie sind da.

ACHTER AUFTRITT

*Die Vorigen, Burleigh, Leicester und Paulet. Leicester
bleibt ganz in der Entfernung stehen, ohne die Augen aufzuschla-
gen. Burleigh, der seine Fassung beobachtet, tritt zwischen ihn und
die Königin.*

BURLEIGH. Ich komme, Lady Stuart, Eure letzten
  Befehle zu empfangen.
MARIA.   Dank, Mylord!

BURLEIGH. Es ist der Wille meiner Königin,
Dass Euch nichts Billiges verweigert werde.
MARIA. Mein Testament nennt meine letzten Wünsche.
Ich hab's in Ritter Paulets Hand gelegt
Und bitte, dass es treu vollzogen werde.
PAULET. Verlasst Euch drauf.
MARIA. Ich bitte, meine Diener ungekränkt
Nach Schottland zu entlassen oder Frankreich,
Wohin sie selber wünschen und begehren.
BURLEIGH. Es sei, wie Ihr es wünscht.
MARIA. Und weil mein Leichnam
Nicht in geweihter Erde ruhen soll,
So dulde man, dass dieser treue Diener
Mein Herz nach Frankreich bringe zu den Meinen.
– Ach! Es war immer dort!
BURLEIGH. Es soll geschehn!
Habt Ihr noch sonst –
MARIA. Der Königin von England
Bringt meinen schwesterlichen Gruß – Sagt ihr,
Dass ich ihr meinen Tod von ganzem Herzen
Vergebe, meine Heftigkeit von gestern
Ihr reuevoll abbitte – Gott erhalte sie
Und schenk ihr eine glückliche Regierung!
BURLEIGH. Sprecht! Habt Ihr noch nicht bessern Rat erwählt?
Verschmäht Ihr noch den Beistand des Dechanten?
MARIA. Ich bin mit meinem Gott versöhnt – Sir Paulet!
Ich hab Euch schuldlos vieles Weh bereitet,
Des Alters Stütze Euch geraubt – O lasst
Mich hoffen, dass Ihr meiner nicht mit Hass
Gedenket –
PAULET *(gibt ihr die Hand).*
Gott sei mit Euch! Gehet hin im Frieden!

NEUNTER AUFTRITT

*Die Vorigen. Hanna Kennedy und die andern Frauen der
Königin dringen herein mit Zeichen des Entsetzens, ihnen folgt der
Sheriff, einen weißen Stab in der Hand, hinter demselben sieht
man durch die offen bleibende Türe gewaffnete Männer.*

MARIA. Was ist dir, Hanna? – Ja, nun ist es Zeit!
Hier kommt der Sheriff, uns zum Tod zu führen.

Es muss geschieden sein! Lebt wohl! Lebt wohl! *(Ihre Frauen hängen sich an sie mit heftigem Schmerz; zu Melvil)*
Ihr, werter Sir, und meine treue Hanna,
Sollt mich auf diesem letzten Gang begleiten.
Mylord versagt mir diese Wohltat nicht!
BURLEIGH. Ich habe dazu keine Vollmacht.
MARIA. Wie?
Die kleine Bitte könntet Ihr mir weigern?
Habt Achtung gegen mein Geschlecht! Wer soll
Den letzten Dienst mir leisten! Nimmermehr
Kann es der Wille meiner Schwester sein,
Dass mein Geschlecht in mir beleidigt werde,
Der Männer rohe Hände mich berühren!
BURLEIGH. Es darf kein Weib die Stufen des Gerüstes
Mit Euch besteigen – Ihr Geschrei und Jammern –
MARIA. Sie soll nicht jammern! Ich verbürge mich
Für die gefasste Seele meiner Hanna!
Seid gütig, Lord. O trennt mich nicht im Sterben
Von meiner treuen Pflegerin und Amme!
Sie trug auf ihren Armen mich ins Leben,
Sie leite mich mit sanfter Hand zum Tod.
PAULET *(zu Burleigh)*. Lasst es geschehn.
BURLEIGH. Es sei.
MARIA. Nun hab ich nichts mehr
Auf dieser Welt – *(Sie nimmt das Kruzifix und küsst es)*
Mein Heiland! Mein Erlöser!
Wie du am Kreuz die Arme ausgespannt,
So breite sie jetzt aus, mich zu empfangen.
(Sie wendet sich zu gehen, in diesem Augenblick begegnet ihr Auge dem Grafen Leicester, der bei ihrem Aufbruch unwillkürlich aufgefahren und nach ihr hingesehen. – Bei diesem Anblick zittert Maria, die Knie versagen ihr, sie ist im Begriff hinzusinken, da ergreift sie Graf Leicester und empfängt sie in seinen Armen. Sie sieht ihn eine Zeit lang ernst und schweigend an, er kann ihren Blick nicht aushalten, endlich spricht sie)
Ihr haltet Wort, Graf Leicester – Ihr verspracht
Mir Euren Arm, aus diesem Kerker mich
Zu führen, und Ihr leihet mir ihn jetzt!
(Er steht wie vernichtet. Sie fährt mit sanfter Stimme fort)
Ja, Leicester, und nicht bloß
Die Freiheit wollt' ich Eurer Hand verdanken.
Ihr solltet mir die Freiheit teuer machen,
An Eurer Hand, beglückt durch Eure Liebe,

Wollt' ich des neuen Lebens mich erfreun.
Jetzt, da ich auf dem Weg bin, von der Welt
Zu scheiden und ein sel'ger Geist zu werden,
Den keine ird'sche Neigung mehr versucht,
Jetzt, Leicester, darf ich ohne Schamerröten 3830
Euch die besiegte Schwachheit eingestehn –
Lebt wohl, und wenn Ihr könnt, so lebt beglückt!
Ihr durftet werben um zwei Königinnen,
Ein zärtlich liebend Herz habt Ihr verschmäht,
Verraten, um ein stolzes zu gewinnen. 3835
Kniet zu den Füßen der Elisabeth!
Mög Euer Lohn nicht Eure Strafe werden!
Lebt wohl! – Jetzt hab ich nichts mehr auf der Erden!
(Sie geht ab, der Sheriff voraus, Melvil und die Amme ihr zur Seite, Burleigh und Paulet folgen, die übrigen sehen ihr jammernd nach, bis sie verschwunden ist, dann entfernen sie sich durch die zwei andern Türen)

ZEHNTER AUFTRITT

LEICESTER *(allein zurückbleibend)*.
Ich lebe noch! Ich trag es, noch zu leben!
Stürzt dieses Dach nicht sein Gewicht auf mich! 3840
Tut sich kein Schlund auf, das elendeste
Der Wesen zu verschlingen! Was hab ich
Verloren! Welche Perle warf ich hin!
Welch Glück der Himmel hab ich weggeschleudert!
– Sie geht dahin, ein schon verklärter Geist, 3845
Und mir bleibt die Verzweiflung der Verdammten.
– Wo ist mein Vorsatz hin, mit dem ich kam,
Des Herzens Stimme fühllos zu ersticken?
Ihr fallend Haupt zu sehn mit unbewegten Blicken?
Weckt mir ihr Anblick die erstorbne Scham? 3850
Muss sie im Tod mit Liebesbanden mich umstricken?
– Verworfener, dir steht es nicht mehr an,
In zartem Mitleid weibisch hinzuschmelzen,
Der Liebe Glück liegt nicht auf deiner Bahn,
Mit einem eh'rnen Harnisch angetan 3855
Sei deine Brust, die Stirne sei ein Felsen!
Willst du den Preis der Schandtat nicht verlieren,
Dreist musst du sie behaupten und vollführen!
Verstumme Mitleid, Augen, werdet Stein,

Ich seh sie fallen, ich will Zeuge sein.
(Er geht mit entschlossnem Schritt der Türe zu, durch welche Maria gegangen, bleibt aber auf der Mitte des Weges stehen)
Umsonst! Umsonst! Mich fasst der Hölle Grauen,
Ich kann, ich kann das Schreckliche nicht schauen,
Kann sie nicht sterben sehen – Horch! Was war das?
Sie sind schon unten – Unter meinen Füßen
Bereitet sich das fürchterliche Werk.
Ich höre Stimmen – Fort! Hinweg! Hinweg
Aus diesem Haus des Schreckens und des Todes!
(Er will durch eine andre Tür entfliehen, findet sie aber verschlossen und fährt zurück)
Wie? Fesselt mich ein Gott an diesen Boden?
Muss ich anhören, was mir anzuschauen graut?
Die Stimme des Dechanten – Er ermahnet sie –
– Sie unterbricht ihn – Horch! – Laut betet sie –
Mit fester Stimme – Er wird still – Ganz still!
Nur schluchzen hör ich und die Weiber weinen –
Sie wird entkleidet – Horch! Der Schemel wird
Gerückt – Sie kniet aufs Kissen – legt das Haupt –
(Nachdem er die letzten Worte mit steigender Angst gesprochen und eine Weile innegehalten, sieht man ihn plötzlich mit einer zuckenden Bewegung zusammenfahren und ohnmächtig niedersinken, zugleich erschallt von unten herauf ein dumpfes Getöse von Stimmen, welches lange forthallt)

ELFTER AUFTRITT

Das zweite Zimmer des vierten Aufzugs

ELISABETH *(tritt aus einer Seitentüre, ihr Gang und ihre Gebärden drücken die heftigste Unruhe aus).*
Noch niemand hier – Noch keine Botschaft – Will es
Nicht Abend werden? Steht die Sonne fest
In ihrem himmlischen Lauf? – Ich soll noch länger
Auf dieser Folter der Erwartung liegen.
– Ist es geschehen? Ist es nicht? – Mir graut
Vor beidem, und ich wage nicht zu fragen!
Graf Leicester zeigt sich nicht, auch Burleigh nicht,
Die ich ernannt, das Urteil zu vollstrecken.
Sind sie von London abgereist – Dann ist's
Geschehn, der Pfeil ist abgedrückt, er fliegt,

Er trifft, er hat getroffen, gält's mein Reich,
Ich kann ihn nicht mehr halten – Wer ist da?

ZWÖLFTER AUFTRITT

Elisabeth. Ein Page.

ELISABETH. Du kommst allein zurück – Wo sind die Lords?
PAGE. Mylord von Leicester und der Großschatzmeister –
ELISABETH *(in der höchsten Spannung).*
   Wo sind sie?
PAGE.   Sie sind nicht in London.
ELISABETH.   Nicht?
– Wo sind sie denn?
PAGE.   Das wusste niemand mir zu sagen.
   Vor Tages Anbruch hätten beide Lords
   Eilfertig und geheimnisvoll die Stadt
   Verlassen.
ELISABETH *(lebhaft ausbrechend).*
             Ich bin Königin von England!
(Auf und nieder gehend in der höchsten Bewegung)
Geh! Rufe mir – nein, bleibe – Sie ist tot!
Jetzt endlich hab ich Raum auf dieser Erde.
– Was zittr' ich? Was ergreift mich diese Angst?
Das Grab deckt meine Furcht, und wer darf sagen,
Ich hab's getan! Es soll an Tränen mir
Nicht fehlen, die Gefallne zu beweinen!
(Zum Pagen)
Stehst du noch hier? – Mein Schreiber Davison
Soll augenblicklich sich hierher verfügen.
Schickt nach dem Grafen Shrewsbury – Da ist
Er selbst! *(Page geht ab)*

DREIZEHNTER AUFTRITT

Elisabeth. Graf Shrewsbury.

ELISABETH. Willkommen, edler Lord. Was bringt Ihr?
   Nichts Kleines kann es sein, was Euren Schritt
   So spät hierher führt.
SHREWSBURY.   Große Königin,

Mein sorgenvolles Herz, um deinen Ruhm
Bekümmert, trieb mich heute nach dem Tower,
Wo Kurl und Nau, die Schreiber der Maria,
Gefangen sitzen, denn noch einmal wollt' ich
Die Wahrheit ihres Zeugnisses erproben.
Bestürzt, verlegen weigert sich der Leutnant
Des Turms, mir die Gefangenen zu zeigen,
Durch Drohung nur verschafft' ich mir den Eintritt,
– Gott! welcher Anblick zeigte mir sich da!
Das Haar verwildert, mit des Wahnsinns Blicken,
Wie ein von Furien Gequälter, lag
Der Schotte Kurl auf seinem Lager – Kaum
Erkennt mich der Unglückliche, so stürzt er
Zu meinen Füßen, schreiend, meine Knie
Umklammernd mit Verzweiflung, wie ein Wurm
Vor mir gekrümmt – fleht er mich an, beschwört mich,
Ihm seiner Königin Schicksal zu verkünden;
Denn ein Gerücht, dass sie zum Tod verurteilt sei,
War in des Towers Klüfte eingedrungen.
Als ich ihm das bejahet nach der Wahrheit,
Hinzugefügt, dass es sein Zeugnis sei,
Wodurch sie sterbe, sprang er wütend auf,
Fiel seinen Mitgefangnen an, riss ihn
Zu Boden, mit des Wahnsinns Riesenkraft,
Ihn zu erwürgen strebend. Kaum entrissen wir
Den Unglücksel'gen seines Grimmes Händen.
Nun kehrt' er gegen sich die Wut, zerschlug
Mit grimm'gen Fäusten sich die Brust, verfluchte sich
Und den Gefährten allen Höllengeistern.
Er habe falsch gezeugt, die Unglücksbriefe
An Babington, die er als echt beschworen,
Sie seien falsch, er habe andre Worte
Geschrieben, als die Königin diktiert,
Der Böswicht Nau hab ihn dazu verleitet.
Drauf rannt' er an das Fenster, riss es auf
Mit wütender Gewalt, schrie in die Gassen
Hinab, dass alles Volk zusammenlief,
Er sei der Schreiber der Maria, sei
Der Böswicht, der sie fälschlich angeklagt,
Er sei verflucht, er sei ein falscher Zeuge!
ELISABETH. Ihr sagtet selbst, dass er von Sinnen war.
Die Worte eines Rasenden, Verrückten,
Beweisen nichts.

SHREWSBURY. Doch dieser Wahnsinn selbst
  Beweiset desto mehr! O Königin!
  Lass dich beschwören, übereile nichts,
  Befiehl, dass man von neuem untersuche.
ELISABETH. Ich will es tun – weil Ihr es wünschet, Graf,
  Nicht weil ich glauben kann, dass meine Peers
  In dieser Sache übereilt gerichtet.
  Euch zur Beruhigung erneure man
  Die Untersuchung – Gut, dass es noch Zeit ist!
  An unsrer königlichen Ehre soll
  Auch nicht der Schatten eines Zweifels haften.

VIERZEHNTER AUFTRITT

Davison zu den Vorigen.

ELISABETH. Das Urteil, Sir, das ich in Eure Hand
  Gelegt – Wo ist's?
DAVISON *(im höchsten Erstaunen).* Das Urteil?
ELISABETH.   Das ich gestern
  Euch in Verwahrung gab –
DAVISON.   Mir in Verwahrung!
ELISABETH. Das Volk bestürmte mich zu unterzeichnen,
  Ich musst' ihm seinen Willen tun, ich tat's,
  Gezwungen tat ich's, und in Eure Hände
  Legt' ich die Schrift, ich wollte Zeit gewinnen,
  Ihr wisst, was ich Euch sagte – Nun! Gebt her!
SHREWSBURY. Gebt, werter Sir, die Sachen liegen anders,
  Die Untersuchung muss erneuert werden.
DAVISON. Erneuert? – Ewige Barmherzigkeit!
ELISABETH. Bedenkt Euch nicht so lang. Wo ist die Schrift?
DAVISON *(in Verzweiflung).*
  Ich bin gestürzt, ich bin ein Mann des Todes!
ELISABETH *(heftig einfallend).* Ich will nicht hoffen, Sir –
DAVISON.   Ich bin verloren!
  Ich hab sie nicht mehr.
ELISABETH.   Wie? Was?
SHREWSBURY.   Gott im Himmel!
DAVISON. Sie ist in Burleighs Händen – schon seit gestern.
ELISABETH. Unglücklicher! So habt Ihr mir gehorcht,
  Befahl ich Euch nicht streng, sie zu verwahren?
DAVISON. Das hast du nicht befohlen, Königin.

ELISABETH. Willst du mich Lügen strafen, Elender?
Wann hieß ich dir die Schrift an Burleigh geben?
DAVISON. Nicht in bestimmten, klaren Worten – aber –
ELISABETH. Nichtswürdiger! Du wagst es, meine Worte
Zu deuten? Deinen eignen blut'gen Sinn
Hineinzulegen? – Wehe dir, wenn Unglück
Aus dieser eigenmächt'gen Tat erfolgt,
Mit deinem Leben sollst du mir's bezahlen.
– Graf Shrewsbury, Ihr sehet, wie mein Name
Gemissbraucht wird.
SHREWSBURY.   Ich sehe – O mein Gott!
ELISABETH. Was sagt Ihr?
SHREWSBURY.   Wenn der Squire sich dieser Tat
Vermessen hat auf eigene Gefahr
Und ohne deine Wissenschaft gehandelt,
So muss er vor den Richterstuhl der Peers
Gefordert werden, weil er deinen Namen
Dem Abscheu aller Zeiten preisgegeben.

LETZTER AUFTRITT

Die Vorigen. Burleigh, zuletzt Kent.

BURLEIGH *(beugt ein Knie vor der Königin).*
Lang lebe meine königliche Frau,
Und mögen alle Feinde dieser Insel
Wie diese Stuart enden!
(Shrewsbury verhüllt sein Gesicht, Davison ringt verzweiflungsvoll die Hände)
ELISABETH.   Redet, Lord!
Habt Ihr den tödlichen Befehl von mir
Empfangen?
BURLEIGH. Nein, Gebieterin! Ich empfing ihn
Von Davison.
ELISABETH.   Hat Davison ihn Euch
In meinem Namen übergeben?
BURLEIGH.   Nein!
Das hat er nicht –
ELISABETH.   Und Ihr vollstrecktet ihn,
Rasch, ohne meinen Willen erst zu wissen?
Das Urteil war gerecht, die Welt kann uns
Nicht tadeln, aber Euch gebührte nicht,

Der Milde unsres Herzens vorzugreifen –
Drum seid verbannt von unserm Angesicht!
(Zu Davison)
Ein strengeres Gericht erwartet Euch,
Der seine Vollmacht frevelnd überschritten,
Ein heilig anvertrautes Pfand veruntreut.
Man führ ihn nach dem Tower, es ist mein Wille,
Dass man auf Leib und Leben ihn verklage.
– Mein edler Talbot! Euch allein hab ich
Gerecht erfunden unter meinen Räten,
Ihr sollt fortan mein Führer sein, mein Freund –
SHREWSBURY. Verbanne deine treusten Freunde nicht,
Wirf sie **nicht** ins Gefängnis, die für dich
Gehandelt haben, die jetzt für dich schweigen.
– Mir aber, große Königin, erlaube,
Dass ich das Siegel, das du mir zwölf Jahre
Vertraut, zurück in deine Hände gebe.
ELISABETH *(betroffen)*.
Nein, Shrewsbury! Ihr werdet mich jetzt nicht
Verlassen, jetzt –
SHREWSBURY.   Verzeih, ich bin zu alt,
Und diese grade Hand, sie ist zu starr,
Um deine neuen Taten zu versiegeln.
ELISABETH. Verlassen wollte mich der Mann, der mir
Das Leben rettete?
SHREWSBURY.   Ich habe wenig
Getan – Ich habe deinen edlern Teil
Nicht retten können. Lebe, herrsche glücklich!
Die Gegnerin ist tot. Du hast von nun an
Nichts mehr zu fürchten, brauchst nichts mehr zu achten.
   (Geht ab)
ELISABETH *(zum Grafen Kent, der hereintritt)*.
Graf Leicester komme her!
KENT.   Der Lord lässt sich
Entschuldigen, er ist zu Schiff nach Frankreich.
   *(Sie bezwingt sich und steht mit ruhiger Fassung da.
      Der Vorhang fällt.)*

NACHWORT

Die geschichtlichen Tatsachen

Durch die geschichtlichen Umstände und durch ihren Charakter wurde Maria Stuart, die Königin von Schottland, zu einer erfolglosen Widersacherin der durch die Königin Elisabeth vertretenen englischen Zentralgewalt.

Ihr Schicksal vollzog sich unabwendbar in den drei Jahrzehnten von 1558 bis 1587. Es begann in Frankreich durch ihre Ehe mit Franz II. und ihre Ansprüche auf den englischen Thron und endete in England mit ihrer Verurteilung durch Elisabeth.

Der Gegensatz, in den die beiden königlichen Frauen durch die politische Entwicklung gerieten, war schon in ihrer Herkunft und in ihrer Erziehung angelegt.

Elisabeth von England war die Tochter Heinrichs VIII. und seiner zweiten Gemahlin Anne Boleyn, die er schließlich hinrichten ließ, nachdem er um die Anerkennung seiner Ehe mit dieser Hofdame einen folgenschweren Konflikt mit dem Papst und der Kirche heraufbeschworen hatte. Elisabeth wurde 1533 geboren, ihre Jugend verlief ohne Glanz, ihre Erziehung war streng puritanisch. Unter der reaktionären Herrschaft ihrer katholischen Halbschwester Maria I. von England, der Gemahlin Philipps II. von Spanien, wurde sie lange gefangen gehalten, bis sie nach Marias Tode 1558 schließlich selbst zur Herrschaft gelangte, die sie mit Geschick und bedeutenden Erfolgen gegen alle Ansprüche der schottischen Maria Stuart behauptete und durch die sie einem der glänzendsten Abschnitte in der Geschichte Englands das Gepräge gab.

Auch Maria Stuart hatte Tudorblut in ihren Adern: ihre Großmutter Margaret war eine Schwester Heinrichs VIII. Ihr Vater aber war Jakob V. von Schottland aus dem Hause Stuart und ihre Mutter Maria eine Prinzessin aus dem Hause Lothringen. Sie wurde 1542 geboren und in Frankreich katholisch erzogen: am Hofe der Katharina von Medici, die mit dem Glanz der italienischen Renaissance auch einen freieren Lebensstil aus Italien mitgebracht hatte.

Marias erster Gemahl war Franz II. von Frankreich; sie heiratete ihn 1558 im Todesjahr der Königin Maria I. von England. Gleichzeitig machte sie gegen die Thronfolge der Elisabeth eigene Rechte geltend.

Nach einjähriger Ehe früh verwitwet, kehrte die 18-jährige 1560 nach Schottland zurück. Diese Rückkehr führte zu einer Kette von verhängnisvollen menschlichen und politischen Katastrophen, die ihren Lebensweg fortan kennzeichnen. In Schottland hatte sich eine protestantische nationale Revolution durchgesetzt, der Maria sich zunächst anpassen musste.

Der Versuch einer katholischen Restauration durch ihre neue Ehe mit dem katholischen Henry Lord Darnley scheiterte mit dieser Ehe. Marias Günstling Graf Bothwell beseitigte Darnley in Edinburgh und wurde 1567 ihr dritter Gemahl. Das führte zur Verhaftung Marias durch die empörten schottischen Lords, die jetzt ihren unmündigen Sohn Jakob

VI. auf den Thron erhoben und ihn einer protestantischen Regentschaft unterstellten.

Damit ist Marias Rolle als Königin von Schottland ausgespielt.

1568 floh Maria nach England; aber statt einer erhofften Zuflucht erfuhr sie hier das Schicksal einer 19-jährigen Gefangenschaft, die mit dem Todesurteil ihr Ende fand. Alle Bemühungen ihrer katholischen Anhänger in England und der ganzen katholischen Welt um ihre Befreiung scheiterten. Die bestehenden Gegensätze Englands zum Papsttum und zu dem Spanien der Gegenreformation verschärften sich immer mehr. Das Jahr der Hinrichtung Marias 1587 brachte auch den Beginn des Krieges zwischen England und Spanien, der 1588 mit der Vernichtung der spanischen Armada zum Triumph der englischen Politik Elisabeths führte.

Schillers Dichtung

Nach der Vollendung des „Wallenstein" (Hamburger Lesehefte 37 und 38) im März 1799 entdeckt Schiller in der Geschichte der Maria Stuart einen neuen Stoff für ein historisches Drama. Seine Quellenstudien und die Arbeit an der Dichtung schreiten so rasch voran, dass bereits im Juni 1800 die erste Aufführung in Weimar stattfinden kann. Die Buchausgabe der „Maria Stuart" erscheint im April 1801.

Schiller behandelt in seinem Drama nur das Ende der Maria und ihre letzten Tage vor der Hinrichtung. Der Hintergrund und die meisten Figuren und Ereignisse sind historisch; aber die entscheidenden Vorgänge und die bewegenden Kräfte hat Schiller frei erfunden; sie sind nur Verdichtungen historischer Möglichkeiten, so die Figur Mortimers, das Verhältnis Leicesters zu Maria und die persönliche Begegnung der Königinnen.

Aber Schillers geschichtliche Tragödien sind vielfältig zusammengesetzte Gebilde, die das Historische nicht nur verdichten, sondern auch umdeuten und umwerten. Der geschichtliche Rohstoff dient bei aller Fülle von geschichtlicher Wirklichkeit, die aus ihm entnommen und gestaltet wird, immer zugleich als Vorwand für eine Aussage über den Sinn des menschlichen Lebens, der sich für Schiller erst in der sittlichen Freiheit erfüllt. Erst die sittliche Freiheit verleiht dem Menschen die Würde eines geistigen Wesens, und erst die Bewährung solcher Freiheit vor seinem Schicksal bringt dem schuldigen Menschen eine echte Erlösung, wie es in der Maria Stuart geschieht.

Durch solche Morallehren gelangt Schiller in die engste Nähe zum Christentum, und es ist darum kein Zufall, dass er sich für die Darstellung seiner Auffassung der christlichen Lehren und Symbole bedient; seine Helden sind „säkularisierte Heilige".

Man hat Schiller immer wieder seine Willkür in der Behandlung der geschichtlichen Tatsachen und Figuren zum Vorwurf gemacht. Eine solche Kritik findet sich schon in der Korrespondenz der romantischen Schule, die sich ganz entschieden von der klassischen Dichtung Schillers abkehrt. Sie verkennt oder missachtet dabei die Vielschichtigkeit von

Schillers Dichtung, die durch die Verbindung von Anschauung und Denken, von historischer Erfahrung und sittlicher Forderung, von Dichtung und Philosophie entsteht und die in der eigentümlich weitgespannten Begabung Schillers ihre letzte Erklärung findet.

Zur Textgestaltung

Eine kritische Ausgabe der „Maria Stuart" ist enthalten in dem 1948 erschienenen neunten Band der Weimarer Nationalausgabe von Schillers Werken, den Benno von Wiese und Lieselotte Blumenthal herausgegeben haben. Der Text dieser Ausgabe wurde unserer Neuauflage zugrunde gelegt, die behutsam den neuen amtlichen Rechtschreibregeln angeglichen wurde.

Die Einführung und die Erläuterungen der Weimarer Ausgabe wurden dankbar benutzt.

ANMERKUNGEN

Die Ziffern vor den Anmerkungen bezeichnen die Verse.

nach 17 *Ressort* (französisch). Fach.
 19 *Die Lilie von Frankreich.* Die Lilie war das Wappen der französischen Könige. Maria Stuart war durch ihre Ehe mit Franz II. ein Jahr lang Königin von Frankreich gewesen.
 23 *Gewehr.* Ursprünglich Bezeichnung für Abwehrwaffe.
 35 *Zinn.* Geschirr aus Zinn.
 37 *So speiste sie zu Sterlyn ihren Gatten ...* Bezieht sich auf die verächtliche Behandlung ihres Gatten Darnley zur Zeit der Taufe ihres Sohnes Jakob I. zu Stirling in Schottland im Jahre 1566. Der Buhle ist Bothwell. Vergl. Anm. zu V. 327.
 48 *Die Mediceerin.* Katharina von Medici (1519–1589). Seit 1533 die Gemahlin Heinrichs II. von Frankreich, nach Heinrichs Tod 1559 Regentin für den minderjährigen Karl IX.
 70 *Parry, Babington, Norfolk.* Parry und Babington waren zwei katholische Fanatiker, der Herzog Thomas Howard von Norfolk war Protestant. Sie wurden als Verschwörer hingerichtet: Norfolk 1572, Parry und Babington 1585 und 1586.
 84 *Helena.* Gemahlin des Menelaos; ihre Entführung durch Paris wurde der Anlass zum trojanischen Krieg.
 102 *Die spanische Maria.* Maria die Katholische war die Tochter Heinrichs VIII. und der Katharina von Aragonien und die Gemahlin Philipps II. von Spanien. Sie regierte 1553 bis 1558.
 105 *Edinburger Vertrag.* Nach diesem Vertrag vom 6. Juli 1560 sollte Maria Stuart auf alle Ansprüche auf den englischen Thron verzichten und den Protestantismus in Schottland unter Staatsschutz stellen. Maria hat diesen Vertrag nicht unterzeichnet.
 142 *Christus in der Hand.* Mit Christus ist hier das Kruzifix gemeint.
 183 *Sakrament.* Bezeichnet in der katholischen Kirche jede heilige von Christus eingesetzte Handlung wie Taufe, Messe usw.
 187 *Dechant.* (griechisch). Bezeichnet hier einen höheren Geistlichen der anglikanischen Kirche.
 244 *Hatton.* Der Vizekämmerer Sir Christopher Hatton war der Vorsitzende des Gerichts, das Maria verurteilte.
 272 *König Darnley.* Der zweite Gemahl von Maria Stuart, der 1567 ermordet wurde – nach Schillers Überzeugung mit Marias Einverständnis.
 284 *Löseschlüssel.* Der Schlüssel ist das Symbol für die durch den Papst als Nachfolger Petri vertretene höchste geistliche Gewalt, „zu lösen und zu binden". (Vergl. Matthäus 16, Vers 18 und 19.)
 289 *Messedieners Glocke, Hochwürdiges in Priesters Hand.* Die Glocke und das „Hochwürdige" gehören zum Zubehör der katholischen Messe. Das Hochwürdige (die Hostie) ist das geweihte Brot, das während der Messe eine Wandlung in den Leib des Herrn erfährt.

319 *Der Sänger Rizzio.* Sekretär und Günstling Marias, der von Marias Gatten Darnley und von fanatischen Protestanten ermordet wurde.
327 *Bothwell.* Marias dritter Gemahl. Er hatte Lord Darnley, Marias zweiten Gemahl, ermorden lassen. Eine Revolte der schottischen Lords vertreibt ihn nach Dänemark, Maria flieht nach England. Vergl. Anm. zu V. 272.
387 *Der Kardinal von Lothringen.* Herzog Karl von Guise, Kardinal von Lothringen, war bereits 1574, also viele Jahre vor der Zeit des Dramas, gestorben.
414 *Puritaner* (lateinisch). Bezeichnung für die Anhänger der extremen Richtung des englischen Protestantismus, die die reine Lehre des Evangeliums vertreten.
427 *Kolosseum.* Die Ruine des größten römischen Rundtheaters aus der Zeit der Flavier.
441 *Gruß des Engels.* Darstellung der Verkündigung des Engels Gabriel an Maria.
445 *Hochamt.* Feierliche Messe vor dem Hochaltar, d. h. Hauptaltar, einer Kirche.
457 *Das enge dumpfe Buch.* Das englische Gebetsbuch; ein Werk des Erzbischofs Cranmer von Canterbury aus den Jahren 1549 bis 1552.
463 *Kardinal von Guise.* Vergl. Anm. zu V. 387.
482 *Sitzungen der Väter.* Versammlungen (Konzilien) von Kirchenfürsten zur Ermittlung geistlicher Wahrheiten.
485 *Suada* (lateinisch). Gabe der überzeugenden Rede.
494 *Gesellschaft Jesu in Reims.* Priesterseminar des Jesuitenordens und Keimzelle der Aufstände gegen England.
496 *Morgan und Leßley.* Morgan war an der Verschwörung Parrys beteiligt; Leßley, der Bischof von Roße, an der Verschwörung Norfolks.
516 *Märtyrtum.* Märtyrer ist einer, der um seines Glaubens oder seiner Überzeugung willen Gewalt leidet.
518 *Stammbaum.* Vergl. Nachwort.
522 *Afterkönigin.* Falsche Königin.
524 *Bastardtochter.* Bastard: Uneheliches Kind von sozial unebenbürtigen Partnern. Elisabeth war die Tochter Heinrichs VIII. und der Anna Boleyn, die Heinrich ohne päpstliche Scheidung von seiner ersten Frau, Johanna von Aragonien, geheiratet hatte.
607 *Duc von Anjou.* Der Bruder Heinrichs III. von Frankreich, der 1570 um Elisabeths Hand angehalten hatte – also lange vor der Zeit des Dramas!
613 *Königliche Frauen.* Katharina Howard, die fünfte Gemahlin Heinrichs VIII., wurde ebenso wie Anna Boleyn wegen Ehebruchs hingerichtet. Lady Gray wurde unter der Herrschaft der katholischen Maria hingerichtet.
620 *Vergebne Schrecknisse.* Unnütze Schrecknisse.
644 *Babington.* Vergl. Anm. zu V. 70.
Tichburn. Tichburn gehörte zu dem Kreis um Babington.

705 *Committee.* Ausschuss oder Gerichtshof.
706 *Peer* (lateinisch). Angehöriger des hohen englischen Adels. Das lateinische par bezeichnet den Gleichgestellten. Darauf spielt Maria an.
732 *Themis.* Griechische Göttin der Sitte und Ordnung.
751 *Primas von Canterbury.* Primas, d. h. der erste Erzbischof des britischen Reiches.
752 *Talbot.* Der historische Talbot war nicht Großsiegelbewahrer.
753 *Howard.* Der historische Großadmiral Lord Howard nahm an den Verhandlungen nicht teil.
775 *Serail* (persisch). Palast des Herrschers.
796 *Souverain* (französisch). Herrscher.
815 *Tweed.* Grenzfluss zwischen Schottland und England.
825 *Ein* Parlament, *ein* Zepter. Die Vereinigung Englands und Schottlands erfolgte zuerst 1603 nach Elisabeths Tod unter Maria Stuarts Sohn Jakob I.
836 *Richmond, zwei Rosen.* Heinrich VII. von Richmond – mütterlicherseits von den Lancaster herkommend – heiratet 1485 die älteste Tochter Eduards IV. aus dem Hause York und versöhnt nach Besiegung Richards III. beide Geschlechter, die sich bis dahin in den sogenannten „Rosenkriegen" unter den Abzeichen der weißen und der roten Rose befehdet hatten.
847 *Akte.* Der 1585 vom Parlament angenommene Gesetzesvorschlag.
884 *Kurl und Nau.* Vergl. Anm. zu V. 3917f.
928 *Ausbeugen.* Ausbiegen, ausweichen.
929 *Mendoza.* Botschafter Philipps II. von Spanien, der 1584 wegen Teilnahme an einer Verschwörung ausgewiesen wird.
1066 *Götter meines Dachs.* Die das Gastrecht sichernden Hausgötter.
1077 *Turnierplatz.* Turnier – ritterliches Kampfspiel.
1090 *Madrigal* (italienisch). In der Literatur lyrische Dichtung in freier Form. In der Musik im 14. Jahrhundert das Solokunstlied mit Begleitung von Streichinstrumenten, seit dem 16. Jahrhundert das mehrstimmige weltliche Chorlied ohne Instrumentalbegleitung.
1098 *Französische Brautwerbung.* Vergl. Anm. zu V. 607 (Duc von Anjou).
1104 *Monsieur.* Französische Bezeichnung für den jüngeren Bruder der Könige von Frankreich.
1106 *Reichsreligion.* Religion der anglikanischen Kirche.
1119 *Der Hof von Saint Germain.* Saint-Germain-En-Laye war der Aufenthaltsort der französischen Könige.
1130 *Westminsterhof.* Elisabeths Residenz in London.
1175 *Klöster aufgetan.* Aufhebung der Klöster durch Heinrich VIII. und Eduard VI.
1121 *Honny soit qui mal y pense* (französisch). Schande über den, der schlecht davon denkt. Devise des Hosenbandordens, gestiftet von Eduard III. im Jahre 1344.
1263 *Der röm'sche Götzendienst.* Der Katholizismus.

1266 *Lothringische Brüder.* Heinrich, Ludwig und Karl von Guise. Unter ihrer Führung kam es zur Gründung einer Liga zur Verteidigung der katholischen Religion.
1281 *Ate.* Griechische blind waltende, Unheil stiftende Göttin.
1370 *Vasall.* Lehnsmann.
1381 *Woodstock, der Tower.* Woodstock war das Lustschloss der Könige von England in der Grafschaft Oxford, der Tower das Staatsgefängnis in London. Wegen angeblicher Teilnahme an einer Verschwörung kommt Elisabeth durch ihre Halbschwester, die katholische Maria, zuerst in den Tower, dann nach Woodstock.
1404 *Für Erstaunen.* Vor Erstaunen.
1450 *Sentenz* (lateinisch). Urteilsspruch.
1470 *Der große Weg.* Das englische „the grand tour" bezeichnete seit der Renaissance die „Kavalierstour" durch Frankreich und Italien, die der vornehme junge Mann zum Abschluss seiner Ausbildung unternahm.
1476f. *Morgan und der Bischof von Roße.* Vergl. Anm. zu V. 496.
1489 *Walsingham.* W. war ein Staatssekretär, der die Verschwörung von Parry und Babington aufdeckte.
1490 *Bulle des Papstes Sixtus V.* Sie erneuert den Bann des Papstes Pius V. von 1570. Bulle (lateinisch – päpstliche Verordnung).
1531 *Ält'ster Thron der Christenheit.* Gemeint ist hier der französische.
1578 *Orakel* (lateinisch). Weissagung.
1722 *Exempel* (lateinisch). Beispiel.
1789 *Argusblick.* Argus war in der griechischen Mythologie ein als Wächter bestellter Riese mit vielen Augen.
1828 *Vatikan.* Wohnsitz des Papstes in Rom.
1967 *Diadem* (griechisch) Stirnband. Kommt als Zeichen der Königswürde aus dem Orient zu den Griechen und Römern.
2134 *Hifthorn.* Jagdhorn.
2186f. *Schlangenhaare der Höllengeister.* Die Griechen stellten sich die Rachegöttinnen geflügelt und ihre Köpfe von Schlangenleibern umspielt vor.
2352 *Die Sankt Barthelemi.* Katharina von Medici in Verbindung mit den Guisen bestimmte Karl IV. zur Ermordung der protestantischen Hugenotten in der Bartholomäusnacht am 24. August 1572.
2374 *Armida.* Figur einer schönen Zauberin aus Tassos „Befreitem Jerusalem", die bei Gluck und Rossini zum Gegenstand einer Oper wird.
2441 *Basilisk.* Fabeltier, dessen Blick tötet.
2526 *Hostie* (lateinisch). Sühnopfer. Die Bezeichnung des für die Kommunion bestimmten geweihten Brotes.
2537 *Tyburn.* In Tyburn fanden damals die Hinrichtungen statt.
2623 *Barnabit.* Anhänger eines geistlichen Ordens, der in Frankreich im Dienst der Gegenreformation stand. Der Name des Ordens von einer Kirche des hl. Barnabas.
Anathem (griechisch). Kirchenbann.
2640 *Mir zu betten.* Mir ein Bett zu bereiten.

2665   *Offizios* (französisch: officiel). Würdevoll.
2668   *Der heilige Charakter.* Bezeichnet hier die heilige, d. h. unantastbare Würde des Gesandten.
2687   *Hotel* (französisch). Privatpalast. Hier die Wohnung des Gesandten.
2707   *Inquisitionsgericht. Inquisition* (lateinisch). Verhör, Glaubensuntersuchung der katholischen Kirche.
2794   *Trabant.* Fußsoldat, Mitglied der Leibwache.
3175f. *Legat aus Rom.* Johann ohne Land empfing 1213 England als Lehen aus den Händen eines päpstlichen Legaten. Legat (lateinisch) = Gesandter.
3205f. *Spanische Maria.* Vergl. Anm. zu V. 102.
3218f. *Wütender Vertilgungskrieg auf den Meeren.* Anspielung auf den Seekrieg von 1588, der mit der Vernichtung der spanischen Armada endet.
3230   *Furie* (lateinisch). Römische Rachegottheit.
3272   *Sheriff.* Oberster Beamter einer englischen Grafschaft mit Gerichtsgewalt.
vor 3480 *Agnus Dei* (lateinisch: Lamm Gottes). Eine vom Papst geweihte Platte aus Wachs oder Metall in Form einer Hostie, mit dem Lamm Gottes auf einer und einem Heiligen auf der anderen Seite.
3527   *Kathol'scher König.* Philipp II.
3652   *Sieben Weihen.* Die Priesterweihen.
3658f. *Wie den Apostel einst ein Engel führte aus des Kerkers Banden.* Bezieht sich auf die Befreiung Petri durch den Engel. Vergl. Apostelgeschichte 12,7.
3746f. *Wie du geglaubet, so geschehe dir! Nimm hin den Leib, er ist für dich geopfert!* (Vergleiche Matthäus 9, 29).
nach 3747 *Konsekrieren* (lateinisch). Weihen.
3750f. *Höchstes Recht der Könige.* Der sonst den Priestern vorbehaltene Genuss des Abendmahls in beiderlei Gestalt, der den französischen Königen am Krönungstage erlaubt war.
3917f. *Der Widerruf des Schreibers Kurl* ist Schillers Erfindung.
3989   *Squire* (lateinisch Scutifer = Schildträger). Titel des niederen englischen Adels.
4033   Die hier erwähnte *Abreise Leicesters* ist Schillers Erfindung.